Patricia Stokoe

EXPRESION CORPORAL
Guía didáctica para el docente

Fotografías: Alex Schächter

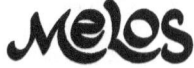

Stokoe, Patricia
Expresión corporal: guía didáctica para el docente /
Patricia Stokoe.
1a ed . - Ciudad Autónoma de Buenos Aires: Melos, 2017.

1. Música. I. Título.
CDD 780.7

INDICE

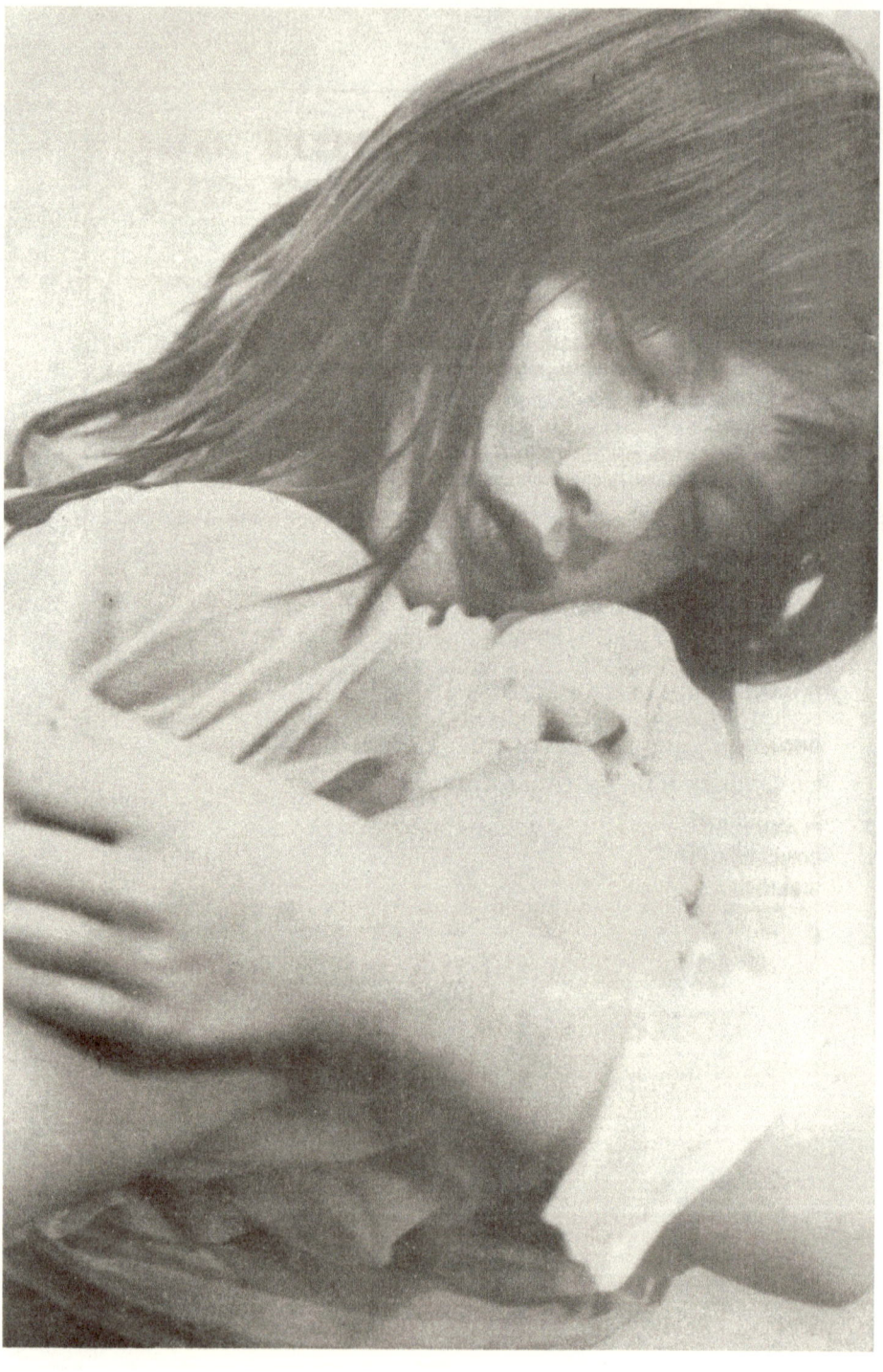

PREFACIO

En 1950 regresé a la Argentina después de doce años de capacitación y actuación como bailarina en Londres. Mi formación en el área de la danza abarcaba estilos tan diferentes como ballet clásico, danza moderna, zapateo americano, danzas nativas de diversos países y acrobacia. Con todas estas técnicas me pude defender profesionalmente durante esa época, trabajando en compañías de ballet, comedia musical, cine, televisión, café-concert. Resueltos mis problemas económicos más inmediatos, pude reflexionar sobre mi oficio. Poseía todas estas técnicas y sin embargo con ninguna de ellas me sentía plenamente identificada, a pesar de hallarse la danza tan arraigada a mi personalidad. En algunos casos, porque el esfuerzo de alcanzar el nivel técnico exigido me impedía sentirlas como lenguajes propios; y en otros, porque, aún con una mayor identificación de mi parte, nunca llegaron a ser más que lenguajes prestados, porque su aprendizaje se basaba en técnicas de imitación y no de investigación propia. En otras palabras, recibí los productos de otros, pero no las pautas para crear mis propios productos.

Mis maestros de danza clásica pertenecían a la escuela de la Royal Academy of Dancing, de la que egresé con una buena base técnica. Dentro del campo mucho más variado de las corrientes de danza moderna vigentes en ese entonces me relacioné con Katherine de Vos, Agnes de Mille, Sigurd Leeder y algunos discípulos de Martha Graham.

Estas influencias de la danza contemporánea me abrieron un panorama totalmente·distinto de la danza. Empecé a advertir varios cambios esenciales en mi conducta como bailarina; descubrí una serie de maneras distintas, desconocidas para mí hasta entonces, de articular mi cuerpo, y manejarlo expresivamente, no sólo en posturas y posiciones nuevas, especialmente las de la técnica de ejercicios sobre el piso, sino además con energías y calidades de movimiento aún no despertadas, no conocidas, no utilizadas hasta entonces. Este momento de mi carrera de bailarina significó un renacimiento, doloroso y estimulante a la vez, e indudablemente marcó el rumbo del resto de mi vida en el campo de la danza, donde todavía estoy.

Tomé clases con cuanto maestro de las nuevas escuelas encontré. Fue una época fascinante de redescubrimiento, hasta que me di cuenta de que, efectivamente, me estaba liberando de las estereotipias de la danza clásica, pero tenía que caer en otras, las de los diversos innovadores, quienes, después de haber encontrado su estilo expresivo propio, proyectaban esa manera de ser, símbolo de su verdad y su libertad de expresión a través de la enseñanza. Todo esto si bien me ofreció un panorama más amplio, tendía a plantearme los mismos problemas: hasta qué punto siento ser yo misma al recrear los movimientos de otros; además, llegue o no llegue a identificarme con ellos, no han de ser movimientos míos, sino prestados. En el mejor de los casos. no habré hecho más que recrearlos.

Al atravesar esta encrucijada, conocí a dos personas que iban a ser esenciales en mi proceso personal. Me refiero, primeramente, a Rudolf von Laban a través de sus obras escritas. Von Lavan denominó a su danza "danza libre" y afirmó que únicamente el ser humano liberado y en una sociedad libre puede llegar a expresarse con libertad. Estuve inmediatamente de acuerdo con él: yo estaba en la misma indagación, esto es, llegar a saber cuál era mi danza. La que surgía de mis sentimientos y manifestarla a través de mi cuerpo. Algo parecido a lo que le ocurre al poeta, que se expresa por la palabra.

La otra persona era Moshe Feldenkrais. Hallábase éste investigando y experimentado sobre la dinámica corporal y sobre aspectos como la relajación, el control de energías, el tono muscular y la educación del movimiento en general. Gracias al conocimiento que trabé con su trabajo, me encontré por primera vez ante la promesa de poder emprender la búsqueda de la libertad expresiva personal en el control del cuerpo para la danza por un camino que efectivamente condujera hacia ella. La enseñanza de Feldenkrais no era un conjunto de ejercicios ejecutados por él y copiados por sus alumnos; por el contrario, apuntaba a señalar una serie de experiencias y tareas corporales merced a las cuales se adquiría cada vez más conciencia, comprensión y dominio del cuerpo, sensibilizándolo para el lenguaje corporal propio.

Así, pues, comencé a preguntarme por qué la danza en su condición de expresión artística propia del ser humano tiende a ser propiedad de una cantidad tan reducida de personas, prácticamente limitada a aquellas que reúnen determinadas condiciones, en verdad excepcionales habida cuenta de sus severas exigencias. De esa época en adelante me he ocupado en desarrollar el concepto de la danza como lenguaje propio de cada ser humano, y en encontrar el método más eficaz de organizarlo y plasmarlo.

No puedo dejar de reconocer que elegí el nombre de Expresión Corporal como una especie de ángel protector al iniciar mi labor aquí, en la Argentina, en una época en que la palabra danza implicaba más o menos una de estas tres posibilidades: o danza clásica, o danza moderna o danza folklórica y nativa.

Me pareció, pues, adecuado elegir un nombre nuevo para un nuevo enfoque, poniendo el concepto de danza al alcance de todos.

Es cierto que también se ha empleado otras denominaciones, como las de Danza Libre, Danza Creativa, Danza Moderna Educacional, etc., y pienso que todas ellas son válidas: son muchas las personas que, con mayor o menor número de variantes, persiguen el mismo objeto.

La designación de Expresión Corporal ya se ha arraigado y difundido en la Argentina, y lo importante es especificar en cada caso su significación y su contenido.

Desde mi regreso a la Argentina he trabajado con todas aquellas personas capaces, en mi opinión, de enriquecer mi tarea, y reconozco su aporte sobre todo en el apoyo que han dado a mis investigaciones, ya por sumarse sin reserva alguna a éstas, ya por las diferencias que, lejos de apartarme de ellas, han esclarecido mejor mis propósitos. Deseo mencionar la importancia que ha tenido para mí el hecho de conocer a Gerda Alexander, de Copenhague, y su trabajo sobre la eutonía (tono muscular bien equilibrado, o buen tono muscular).

También mi vinculación con el ambiente del aprendizaje dramático y musical, así como con el de la psicomotricidad, la psicología y la psicopedagogía, ha representado una influencia significativa para mí.

Desde el año 1950 he abordado prácticas docentes en diversos niveles, a saber: clases para niños. adolescentes, jóvenes y adultos; formación de docentes de Expresión Corporal; participación como profesora de Expresión Corporal en la Escuela de Teatro de la Universidad Nacional de Buenos Aires bajo la dirección de Oscar Fessler; en la carrera de musicoterpia de la Universidad de El Salvador y en la Universidad del Museo Social Argentino; participación en congresos y cursillos en la Argentina y otros países de América Latina, y publicación de los libros LA EXPRESION CORPORAL Y EL NIÑO (Editorial Ricordi), LA EXPRESION CORPORAL Y EL ADOLESCENTE (Editorial Barry) y LA EXPRESION CORPORAL en colaboración con Alexander Schächter (Editorial Paidós).

Desde 1966 hasta 1974 participé como profesora y coordinadora del profesorado de Expresión Corporal en el Collegium Musicum de Buenos Aires. Actualmente integro el grupo de profesores del curso de capacitación de docentes de Expresión Corporal en la Escuela Nacional de Danzas.

Además dicto prácticas generales de Expresión Corporal en mi estudio para grupos de adolescentes, jóvenes y adultos. Coordino grupos de aprendizaje e investigación de aspectos específicos como: la sensibilización corporal (un desarrollo sensitivo-motriz en relación con el control movimiento-energía), y el desarrollo del trabajo creativo sin estímulos sonoros, apoyando en: a) la sensopercepción, b) la imagen, c) los objetos, y d) la situación. La investigación sobre aspectos de la creación individual colectiva y técnicas de la comunicación. La adecuación de esta actividad a las distintas etapas evolutivas, y la formación de docentes capacitados para ponerlo en práctica.

Me ubico, en mi tarea como educadora, dentro del área específica de la enseñanza artística. Pienso, no obstante, que la Expresión Corporal tiene, como toda actividad educativa, efectos terapéuticos y profilácticos en la medida en que se pueden producir cambios importantes mediante el trabajo en la relación del individuo consigo mismo y con los otros; por ejemplo, la aceptación de su propio cuerpo, la integración y cambio de su esquema corporal y la capacidad de relacionarse con otros, el goce por el juego, la afirmación creativa, la exteriorización de sus afectos, la aceptación en el grupo, etc.

Mis inquietudes actuales consisten en la difusión de este quehacer, la capacitación de personas idóneas para llevarlo adelante, su inserción en capas más amplias, digamos populares, de la sociedad y la investigación sin descanso.

Como cierre de esta introducción, deseo aclarar que me sitúo con esta guía en un momento o corte vertical de todo un proceso y que este trabajo orientador tiene hoy vigencia tanto por la falta de material didáctico en esta área como por la necesidad de registrar un momento dentro de un proceso que ha tenido una larga historia y que con toda seguridad habrá de prolongar ésta, su desarrollo y su modificación.

La presente guía tiene por objeto, juntamente con la orientación bibliográfica organizada con la colaboración de Zulema Rosenbaum y las ilustraciones fotográficas de Alexander Schächter, servir de orientación a docentes que necesitan aclarar y ampliar conceptos acerca de este quehacer. Hace especial referencia a los contenidos del trabajo, su planificación y puesta en marcha, y el aporte de sus valores en la formación del ser humano. Si contribuye a que el lector piense con mayor claridad y comprensión acerca de la Expresión Corporal para organizar y poner en marcha su práctica, entonces ha cumplido su propósito.

Patricia Stokoe

La orientación bibliográfica de esta guía didáctica es producto del intercambio establecido entre Patricia y yo, a partir del momento en que elegimos trabajar juntas para establecer un tejido entre mi tarea —la pedagogía— y su tarea, la Expresión Corporal, tratando de encontrar los hilos "teóricos" que servirán de fundamento a nuestros intercambios.

Esta tarea común surgió ante la necesidad de organizar un plan de estudios para docentes en Expresión Corporal. Nuestras conclusiones se completaron con una encuesta dirigida a personas interesadas, acerca de recursos que consideraban esenciales para su formación. Como resultado de esta investigación se eligieron los temas de la bibliografía que presentamos.

Las lecturas propuestas son hilos necesarios para lograr un entretejido que fundamente el sentido y el cómo de la tarea.

La Expresión Corporal tal como la conocemos hoy, presupone o lleva implícita el intento de resolver las dicotomías cuerpo-mente-mundo externo, dicotomías que son producto de disociaciones a que paulatinamente fue llevado el hombre en el transcurso de su desarrollo cultural y que hoy están fuertemente cuestionadas por todos aquellos que trabajan y reflexionan sobre la persona. Desde distintos puntos convergen la medicina psico-somática; las técnicas terapéuticas que incluyen el cuerpo, los modelos de aprendizaje por la acción, etc. indicando, desde estos abordajes, el intento de una actitud integradora.

La persona que es sujeto de esta técnica está sometida a un constante proceso de maduración que se enriquece en el intercambio con otros. La psicología evolutiva nos la muestra en ese cambio desde sus distintos puntos de vista, que resultan complementarios (Wallon, la psicología genética de J. Piaget y concepciones como las de Erikson, Winicott, etc.).

Puesto que esta técnica se despliega en situaciones grupales, resulta necesario que un coordinador en Expresión Corporal conozca el dinamismo del grupo.

Asimismo, hemos trabajado el concepto de grupo interno según Enrique Pichón Riviére y esto nos llevó a conceptualizar cuánto de la historia individual en términos de vínculos con otros, se moviliza en una experiencia "corporal" porque el cuerpo, en esta tarea es un área integradora, una "zona" que permite recrear experiencias de contacto y diferenciación referidas a un sujeto en relación.

Hemos propuesto trabajar sobre el juego, porque éste se nos identificaba con la Expresión Corporal tanto si lo entendíamos como ejercicio o como actividad que permite revivir activamente situaciones en que adoptamos un papel pasivo en el área corporal o un papel activo sólo en la fantasía. Sugerimos que la Expresión Corporal entendida como juego permite revivir con miras a la integración, experiencias que calificamos separándolas según su predominio en "corporales" y "afectivas". El momento en que verbalizamos la experiencia en un vehículo para la integración.

En las lecturas propuestas hemos buscado textos de fácil acceso al lector latinoamericano, pero fue inevitable la referencia a obras que no cumplían este requisito, por considerarlas esenciales dentro del tema que representan.

Zulema Rozenbaum

INTRODUCCION

Este libro está dedicado a quienes se preocupan por el reencuentro del hombre con su cuerpo. Se dirige especialmente a los docentes quienes necesitan conocer mejor la esencia de esta actividad que proponemos esté integrada en su programa de enseñanza escolar. Al ofrecer un proyecto de inserción de esta actividad dentro del proceso educativo aparecen de inmediato los siguientes interrogantes: la Expresión Corporal en la Escuela Argentina, ¿entrará como un quehacer optativo, o como una actividad integrada en el currículo escolar?

¿Es una actividad especialmente organizada con fines determinados?

¿Es una conducta presente desde siempre en todo ser humano?

¿Es una actividad artística que requiere para su práctica maestros especializados?

¿Es un recurso que la maestra de aula puede integrar en su contacto diario con sus alumnos?

Es todas estas cosas, pero antes de abordar la respuesta a estas preguntas sería oportuno contemplar qué es, y por qué es importante como actividad dentro del proceso educativo.

La Expresión Corporal se basa en el desarrollo de los sentidos, de la percepción, de la motricidad y de la integración de las áreas físicas, psíquicas y sociales de cada persona. La comunicación y la creatividad están dentro de los objetivos más importantes perseguidos en su práctica.

El niño que ha podido desarrollar sus sentidos debidamente tendrá buenas percepciones, sobre esta base podrá estructurar mejor su lenguaje y afirmar su personalidad. El niño seguro, capaz de investigar, sentir y expresarse tendrá una buena relación con sí mismo y con el mundo.

Es durante las etapas de su maduración donde mejor se pueden apreciar los valores de la Expresión Corporal. En efecto, durante los primeros seis años de vida se halla el niño en plena etapa de completar la noción de su propio cuerpo y la diferenciación entre éste y el mundo externo, con el que entra en relación.

Su proceso de maduración psicofísica aún necesita la afirmación cada vez mayor de su esquema corporal y un control de motricidad cada vez más definido en la medida en que todas sus otras actividades requieren una respuesta corporal también más fina, como por ejemplo las actividades basadas en el control ojo-mano, tales como la escritura, el dibujo, las manualidades, los deportes, etc. En la edad preadolescente y durante la adolescencia, su problema es en gran parte un problema de adaptación física a los cambios tan notables y a veces desconcertantes de su cuerpo.

Cabe destacar que valorizamos los aportes de este quehacer no sólo durante las etapas evolutivas del niño sino también durante el resto de su vida, pues se sabe muy bien que hay una permanente y estrecha relación entre el individuo y la sociedad.

Una necesidad constante, que dura tanto como su vida, es la de reafirmar la conciencia de sí mismo y liberarse de los bloqueos que dificultan el acercamiento a otros.

El ser humano consciente de sí mismo, inserto en la naturaleza, dependiente de ella, de sus semejantes y de la organización social en la que vive, necesita integrar su propia expresividad corporal juntamente con las demás formas de expresión propias de él.

La Expresión Corporal como actividad organizada proporciona aportes considerables en este proceso. El desarrollo cenestésico, es decir, la conciencia y noción global, específica y segmentada de su propio cuerpo, así como la sensibilización y la libertad del movimiento psicomotor ejerce una influencia subjetiva especialmente en el nivel afectivo, y ésta contribuye a la estructuración de la personalidad.

De ello se deduce que, así como las modificaciones (por cualquier causa) en los rasgos de la personalidad se reflejan en la manera de expresarse corporalmente, así también los aspectos que se abordan en las clases de Expresión Corporal y las relaciones establecidas entre maestro-alumno y alumno-alumno influyen en estas mismas modificaciones.

En las practicas de Expresión Corporal se refuerzan la conciencia del espacio personal o propioceptivo y la diferenciación entre éste y el espacio exterior. Se aprende a distinguir mejor entre uno mismo y lo ajeno, incluyendo los objetos y los demás seres humanos. Merced a esta relación e interacción llega uno a modificar el medio y ser a su vez modificado.

Quien comienza sus experiencias organizadas de Expresión Corporal se inicia en un proceso de perfeccionamiento y filiación continuos. Desde el primer momento que intenta expresarse empieza a participar en una actividad cada vez más aguda, profunda y compleja. Sus primeras reacciones, difusas, se transformarán en movimientos espacial, temporal y energéticamente orientados. Sus automatismos y mecanismos motores pasarán a ser una actividad intencional y voluntaria para recrear y expresar los movimientos de su sensibilidad, su afectividad y su vitalidad en general.

El ser que crezca y se desarrolle con un equilibrio entre lo intelectual y lo emocional puede ser mejor capacitado para enfrentar la vida en todos sus aspectos, dando lo mejor de sí mismo. En cuanto la escuela asume su responsabilidad en la formación del "hombre nuevo" ya no es posible que continúe desconociendo los objetivos y contenidos de esta actividad. Se hace urgente una mayor jerarquización del desarrollo sensitivo-motriz para el ser humano en general y ante todo para los especialistas en todas las áreas de la educación. Consideramos pues, imprescindible la inserción de la Expresión Corporal en el sistema educativo y en centros culturales y populares de recreación pues tenemos plena conciencia de que hoy por hoy, es un objeto de consumo, por así decir, limitado a solo ciertos sectores de la población.

Esta guía didáctica ofrece una presentación de la actividad en sí, y varios proyectos de trabajo que pueden servir como ejemplos tipo para docentes en su propio proceso creativo como tales.

Está dirigida a educadores en general. A todas aquellas personas que se interesan en el "para qué"; "el qué", y "el cómo" de la Expresión Corporal.

Si la escuela, y principalmente la escuela pública, como institución básica de enseñanza, asume la responsabilidad por la formación integral del individuo, y la estructuración de su personalidad, también debe apoyar no solamente la incorporación de la Expresión Corporal en el proceso educativo, sino bregar por la formación específica que defiende sus valores; que defiende el nivel de capacitación de las personas que serán los maestros y coordinadores de esta actividad. Debe contemplarse un plan inmediato y uno mediato para cubrir las siguientes posibilidades de inserción:

1) *En el aula organizada por el maestro de grado:*

- a) como recurso para la liberación de energías, sirviendo como una actividad reguladora con características psico-motrices. Realizando la actividad en el aula, en el pasillo, en el patio o en cualquier espacio donde el maestro puede poner en marcha este trabajo.
- b) como uno de los recursos para resolver problemas de comunicación con sí mismo, y con otros, dentro del proceso integrativo del grupo de educandos.
- c) como apoyo en el aprendizaje de un tema específico (cualquiera que fuese) donde una ejemplificación, o dramatización corporal, aporta elementos positivos para un aprendizaje más rico y vital.
- d) como coadyuvante en el desarrollo de la capacidad investigadora y creadora.

2) *Integrado como auxiliar en las actividades especiales a cargo de los maestros especiales de:*

- a) educación musical
- b) educación física
- c) educación plástica

3) *Como actividad con su propia autonomía dentro de la enseñanza artística:*

A cargo de maestros especialmente capacitados para esta tarea. Cabe señalar por supuesto que este proyecto, para poder realizarse en las mejores condiciones tendría que contar con los centros adecuados de capacitación. Por ejemplo en:

- a) Escuelas normales y/u otros centros de formación de docentes.
- b) Institutos, conservatorios, academias y otros centros de capacitación de maestros especiales.
- c) Centros específicamente constituídos para capacitar a los educadores en Expresión Corporal.

En cuanto al aspecto práctico, y como una aproximación a la inclusión a la brevedad de este quehacer en la escuela, podría contarse con la organización y acceso a cursos informativos teórico-prácticos para maestros en todos los niveles. Con programas televisados sobre esta actividad, con bibliografía informativa y orientadora, asesoramiento, y cualquier otra orientación práctica al alcance de todos los docentes argentinos.

DEFINICION DE LA EXPRESION CORPORAL

La expresión corporal es una conducta que existe desde siempre en todo ser humano. Es un lenguaje paralingüístico por medio del cual el ser humano se expresa a través de sí mismo, reuniendo en su propio cuerpo el mensaje y el canal, el contenido y la forma.

En el trabajo presentado a continuación nos referimos a la Expresión Corporal como quehacer específicamente ordenado para profundizar respecto de este lenguaje. Precisamente gracias a esta actividad planificada se enriquece el lenguaje corporal merced a un proceso de aprendizaje orientado al desarrollo y profundización de la sensopercepción, la motricidad, la imaginación, la creatividad y la comunicación.

En Expresión Corporal el instrumento expresivo, la sustancia, se encuentra en el propio ser y reúne en sí lo creado y a su creador, a diferencia del músico, que se expresa por medio del sonido, o del escultor, artista de la piedra, o del poeta cuyo vehículo es la palabra.

La Expresión Corporal no se basa en conceptos referidos a "lo bello" o "lo feo", "lo bueno" o "lo malo", ni en modelos de estilo o de estética. Se funda primordialmente en el movimiento, el gesto, el ademán o la quietud del cuerpo, y puede trasmitirse como mensaje en silencio o apoyado en algún acompañamiento sonoro. Nace de sensaciones, sentimientos, imágenes e ideas individuales, más o menos colectivos y puede constituir mensajes de individuo a individuo o entre varias personas, interactuando, reflejando la vida e historia privadas del que lo hace y ligándose necesariamente, por eso, al medio familiar social, económico y cultural de cada individuo.

Consideramos asimismo que no se debe adiestrar primero el cuerpo para expresarse después, sino que se sigue un proceso permanente, un proceso que integra desde un comienzo la estructuración de un lenguaje con su significado personal pues toda manifestación corporal, para ser auténticamente expresiva, debe partir de un estado anímico.

En el proceso de desarrollo de la persona hay una permanente y estrecha relación entre ella y el mundo percibido por sus sentidos. A través de sí mismo llega a conocer e interactuar con su medio. Nuestro trabajo se apoya en la teoría de que toda conducta implica manifestaciones coexistentes en las tres áreas: la mente, el cuerpo y el mundo externo. Que la conducta es una manifestación unitaria de un ser integrado, en quien no puede aparecer ningún fenómeno en ninguna de las tres áreas sin forzosamente implicar a las otras. Que todo estímulo que obra en forma predominante sobre una u otra de éstas será reflejado en las demás y por consecuencia la forma y el contenido, el movimiento y la expresión jamás deben separarse.

La Expresión Corporal tiende, como actividad específica a la modificación del ser humano en su vida cotidiana en general, así como al enriquecimiento de sus otros

Es la danza al
alcance de todos.

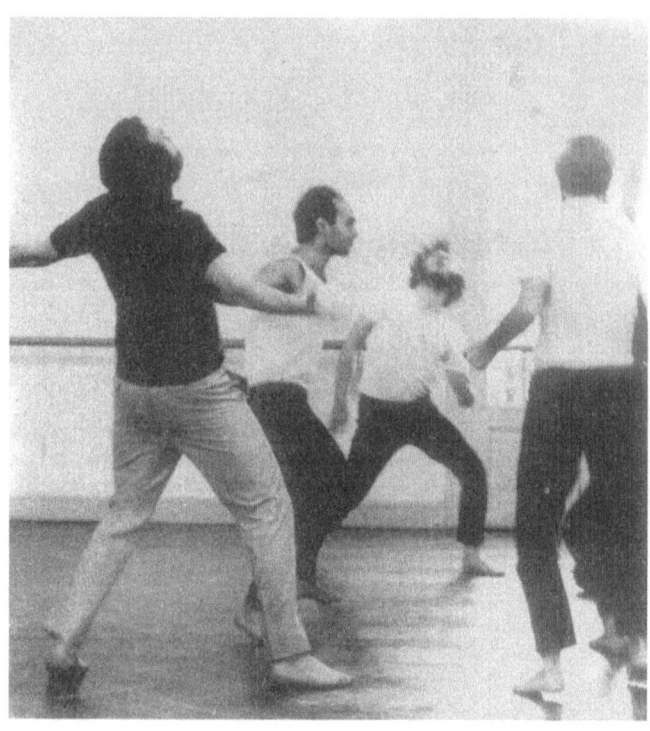

lenguajes artísticos, y tiende asimismo, a convertirse en un lenguaje artístico por sí
sola. Al rescatar y revalorizar el lenguaje corporal se intenta romper con la dicotomía mente-cuerpo, que justamente en nuestra cultura ha tendido a subestimar lo
sensible y artístico del lenguaje corporal en aras de la actividad intelectual y del
lenguaje verbal. Pero éstos, cabe señalar, se verán tanto más enriquecidos por
lo mismo que el proceso liberador psicomotor es esencial para el desarrollo intelectual.

Consideramos que la corriente de Expresión Corporal a la que nos dedicamos se
puede definir como uno de los lenguajes artísticos que son patrimonio del ser
humano. Se entiende por artístico todo aquello que desarrolla la sensibilidad, el
sentido estético, la creatividad, y la comunicación humana. Es a la vez una forma de
danzar, y a la danza se la define como el conjunto de movimientos de todo el
cuerpo, o partes de él, ordenados rítmicamente (en el sentido más amplio del térmi-
no), y acordes con alguna motivación individual o grupal, que expresa emociones,
sensaciones, sentimientos, ideas o situaciones. Esta forma de danza, a la que dos
decenios atrás denominamos Expresión Corporal, es un lenguaje que permite a cada
ser humano ponerse en contacto consigo mismo y consecuentemente expresarse y
comunicarse con los demás seres por medio de su cuerpo y según las posibilidades
de éste. Es la danza al alcance de todos, y claro está que precipita una actitud
creativa, lúdrica y social, no sólo en su práctica específica, sino también más allá de
ésta, para integrarse como aporte a un lenguaje corporal más espontáneo, más rico y
comunicativo en la vida en general.

El trabajo mismo

Esta actividad se lleva a cabo siempre en grupos, mixtos en lo posible, que se constituyen de diversas maneras: por etapas evolutivas (niños, adolescentes, adultos), por niveles de experiencia previa en este quehacer o por intereses específicos (grupos familiares, de docentes, de actores, de músicos, de experimentación, etc.). No se exigen condiciones especiales para iniciarse en la tarea; cada persona comienza su proceso tal cual es.

La iniciación de las prácticas se basa en métodos de incentivación: esta tiende a la motivación de los participantes y, cuando es necesario, se muestra activamente para aclarar algún aspecto no comprendido. La incentivación impulsa a la participación activa, investigadora y creativa de todos los integrantes del grupo desde un principio, tanto de los profesores como de los alumnos. Los unos en el perfeccionamiento de su técnica incentivadora, y los otros en el desarrollo de su capacidad de concentración en la elaboración del trabajo propuesto. Desaparece la importancia de la figura del maestro como modelo. Quizás en este aspecto reside la diferencia

Niños.

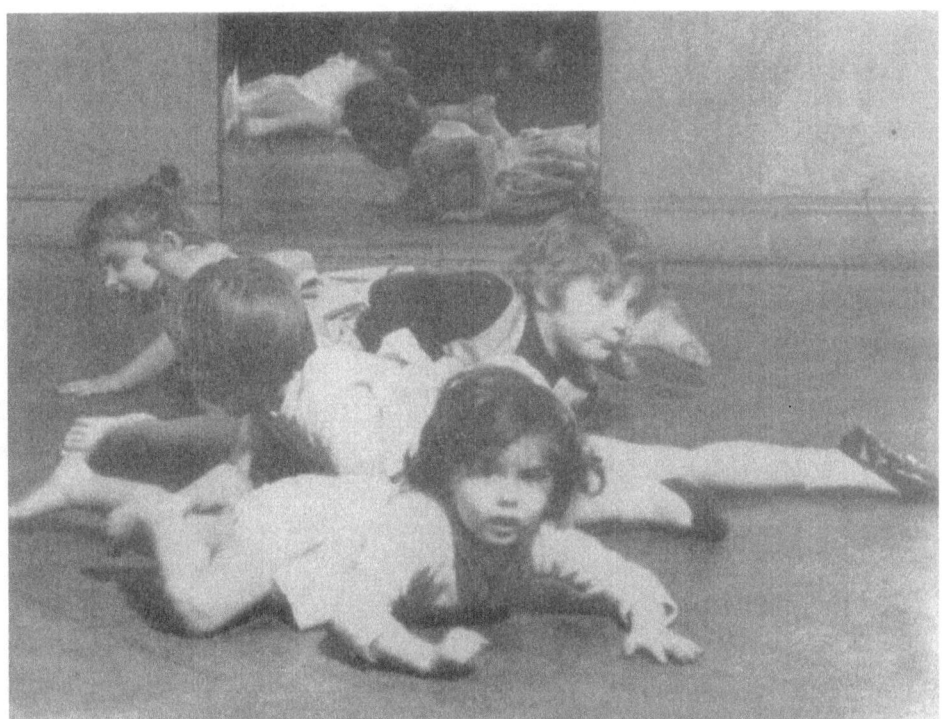

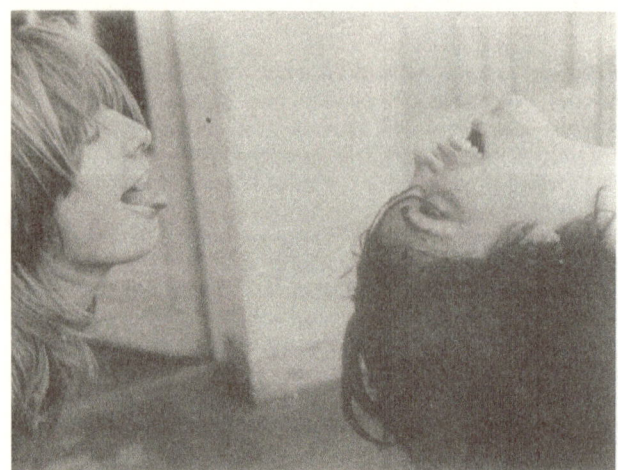

Adolescentes.

Adultos.

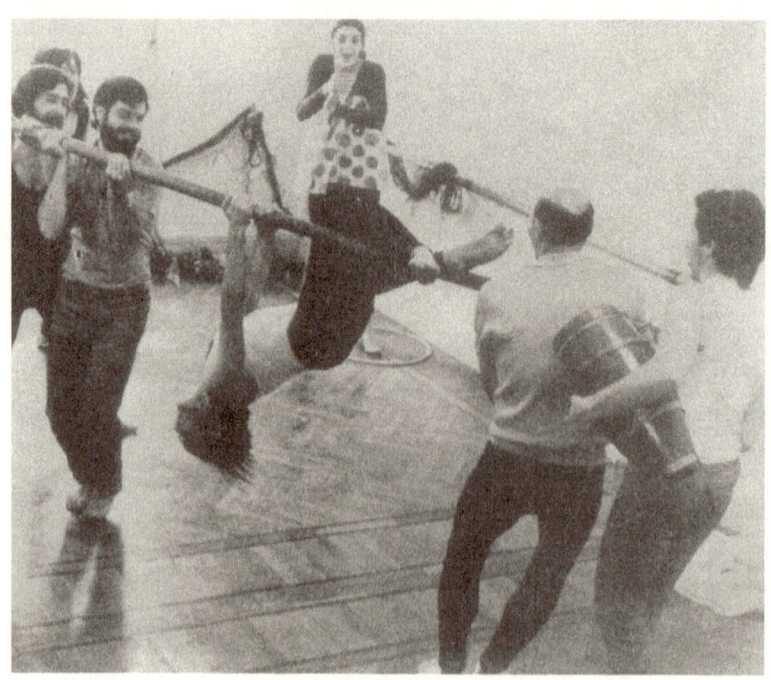

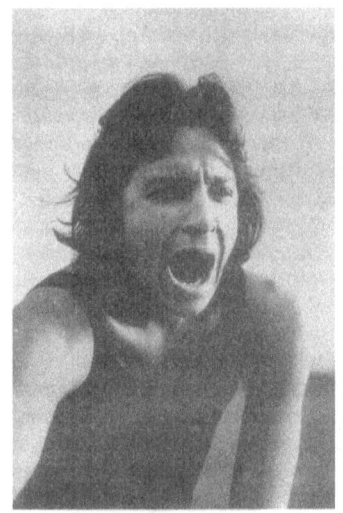 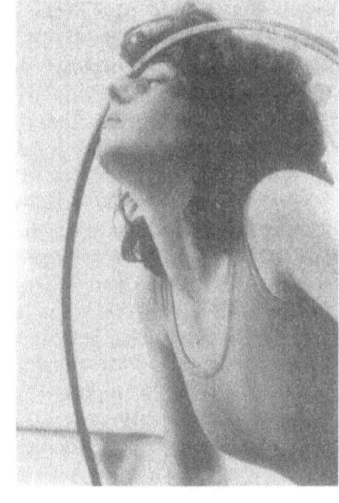

Su propio
estilo.

respecto de otras escuelas, que necesitan, precisamente, el modelo para lograr uno u otro estilo específico.

En Expresión Corporal se sostiene que cada persona debe llegar a encontrar su estilo propio. El desafío es real, puesto que, al desaparecer el modelo físico del maestro, también las incentivaciones pueden resultar modelos estereotipantes, de ahí que deban ser variadas y ricas. Las clases no comienzan ni se desarrollan necesariamente de la misma manera; no obstante, hay un momento de comienzo como también de cierre de la sesión. El dominio de estos dos momentos es muy significativo. El calentamiento físico, y la ambientación al comenzar pueden favorecer o perjudicar el desarrollo posterior del trabajo, y a su vez un final bien o mal logrado determinará el estado anímico en que se van de la clase. La conducción de cada encuentro se determina de acuerdo con el grado de integración del grupo, el objetivo específico perseguido, el momento en el proceso de aprendizaje, el momento del día y todos los demás factores que influyen en el estado subjetivo del grupo.

La práctica de sensibilización corporal, del desarrollo del control y el manejo de energías, se basa en el uso inteligente y disciplinado, y en el respeto y cuidado, del cuerpo propio y el ajeno, así como en el placer y asombro que proporcionan estas tareas y los consecuentes descubrimientos y logros.

En las prácticas generales el estímulo sonoro desempeña un papel muy importante. En nuestro trabajo lo proporciona, en general, una persona que se halla presente durante la clase y que se hace cargo de esta tarea. Se trata de una costumbre extraída de la experiencia adquirida como bailarina que ha resultado muy significativa, ya que, junto con el proceso de cambios constantes en la conducción de las clases para cumplir mejor los objetivos de este quehacer, el papel del músico también ha cambiado y ha tendido a fomentar una participación mucho más activa y creativa en la medida en que éste se ha compenetrado de la tarea y llega a compartir los mismos objetivos.

Se ha creado, en efecto, el oficio de músico especializado en el estímulo sonoro para Expresión Corporal. Para profundizar este aspecto sería necesario un capítulo aparte, digno de ser encarado por los músicos mismos. El aspecto del estímulo sonoro abarca todo aquello que el músico puede aportar, incluyendo el empleo de su propia voz, de todos los medios convencionales y no convencionales de producir sonido, así como el uso de discos y grabaciones que permiten disponer de un panorama de mayor amplitud al poner a nuestro alcance a la orquesta, la música electrónica y la de otras épocas y de otros países. Acorde con el concepto actual, definimos como música o estímulo sonoro en Expresión Corporal, todo sonido organizado para un fin específico.

En las clases, la música influye sobremanera en el trabajo debido a su poder de sugestión sobre la faz expresiva o afectiva del individuo, quien tiende a indentificarse tanto con el estímulo sonoro que a veces se encuentra totalmente atrapado por él. Debido a esta razón, se la utiliza como factor que procura la desinhibición y facilita la comunicación.

El trabajo creativo llevado a cabo en silencio es completamente distinto del trabajo en el que interviene el estímulo sonoro. Cuando no existe este estímulo externo, la persona se encuentra sola frente a sus propios resortes: sensaciones, imágenes, pensamientos, ritmos, etc. En este caso la motivación parte de la sensopercepción, de sensaciones, emociones e imágenes internas. También puede provenir de consignas que motiven respuestas creativas. Por ejemplo: "traten de sentir el peso de su cuerpo sobre sus puntos de apoyo", "cambien los apoyos usando la mínima cantidad de energía posible".

Hemos podido observar que, al reducir la exigencia de la participación del oído, los demás sentidos se agudizan. La conciencia propioceptiva, las imágenes y las evocaciones motivan la acción, el concepto del tiempo se modifica, el aire mismo

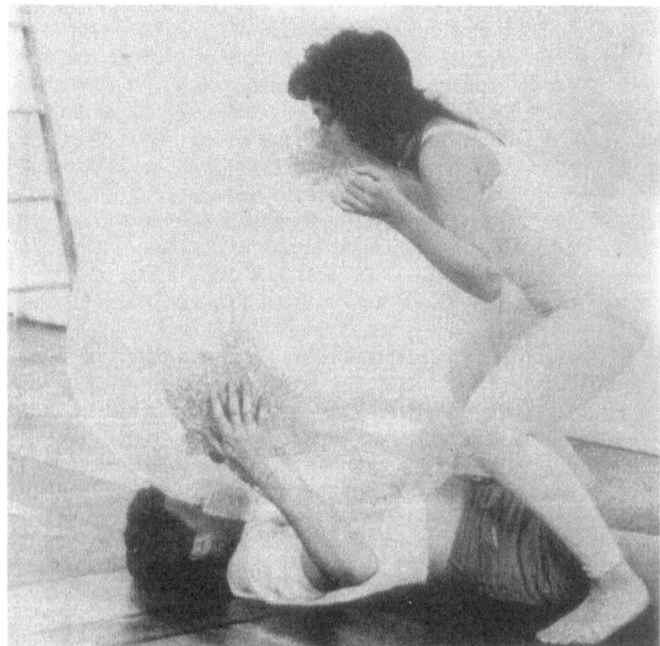

Creatividad y
comunicación.

cambia de densidad, el silencio es imponente. El individuo se expresa por completo a sí mismo.

Aclaramos que no se recurre a ninguna técnica de interpretación terapéutica en el curso de nuestro trabajo, ni se estimula a nuestros alumnos a que lo hagan, ya que a nuestro juicio esta práctica corresponde a otro campo. Mencionamos este aspecto porque este trabajo tiende particularmente a producir, tanto en el ejecutante como en el observador, una serie de recuerdos, imágenes, sentimientos e interpretaciones sobre su vida. Por supuesto que éstos se comentan y se discuten dentro del grupo como un aspecto de la comunicación, sin que se los interprete.

La inclusión de objetos en las prácticas es importante, ya que aportan al proceso de sensibilización del cuerpo, a la educación del movimiento y al desarrollo de la imaginación, la creatividad y la comunicación. Se incluyen tanto los objetos fijos como ser el lugar físico donde se desarrolla la tarea, así como aquellos susceptibles de manipulación: telas, vestimentas, pelotas, colchonetas, palos, hojas, piedras, baldes, y cualquier otro que despierte el interés.

El habla, en nuestro quehacer, tiene una especial importancia, dado que el profesor incentiva verbalmente. Lo que él dice, y cómo lo dice, tiene más importancia de lo que él hace o muestra, para motivar al alumno. Es la palabra acertada, ofrecida con el tono de voz y en el momento justo, que con toda probabilidad define el resultado de la investigación o elaboración creativa en abordaje.

OBJETIVOS

El objetivo general de la Expresión Corporal consiste en rescatar y desarrollar una condición intrínsecamente humana: la capacidad de absorber o recibir por su aparato sensorioperceptivo impresiones del mundo interno y externo, y la de manifestar y comunicar respuestas personales propias de estas impresiones, por medio del lenguaje corporal.

Las prácticas se basan en distintos aspectos, que tienden a un mismo fin: el desarrollo y en algunos casos la recuperación del propio cuerpo como un elemento de primera importancia en la afirmación de la personalidad y la búsqueda de uno mismo. En otras palabras, se trata de encontrar el propio lenguaje corporal, de proyectar el mundo interno de uno sobre el mundo externo, y de interactuar con otros por medio de una sintonización mutua, aprendiendo en este proceso a emplear el cuerpo de una manera imaginativa, y, a la vez, ejercitar y aplicar corporalmente la imaginación.

En la práctica de la Expresión Corporal se manifiestan aspectos que atañen a la formación del ser integrado corporal, mental y afectivamente, del ser que, además, interactúa como ser social con su medio. Debido a estas razones, contempla los objetivos generales de la educación y se identifica con ellos.

En síntesis, entre los objetivos específicos de las prácticas se cuentan:
— desarrollar la sensopercepción y la sensibilidad;
— disminuir la dicotomía mente-cuerpo;
— enriquecer la imaginación;
— desarrollar la creatividad;
— liberar los afectos;
— desarrollar el instinto investigador;
— adquirir seguridad de sí mismo por medio de la afirmación corporal;
— desarrollar la capacidad de aprendizaje (poder de asimilación y flexibilidad para modificar conductas);
— desarrollar la capacidad de proyección y comunicación;
— cultivar el goce por el juego y el sentido del humor;
— desarrollar lo esencial de cada individuo;
— desarrollar una conciencia y conducta sociales;
— desarrollar una actitud abierta, reflexiva, crítica y transformadora hacia la evolución propia y del prójimo, aprendiendo a:
— observar y ser observado, criticar y ser criticado, transformar y transformarse;
— incorporar los diversos aspectos técnicos que integran esta actividad.

CONTENIDOS

Aspectos técnicos que integran la Expresión Corporal

1 — TECNICAS DEL MOVIMIENTO

A — *Sensopercepción y motricidad*

Objetivo: Recuperar y desarrollar la conciencia, la armonía y el dominio del cuerpo, en procura de un lenguaje corporal propio.

En el proceso de aprendizaje que conduce a este fin se contemplan tres aspectos o momentos: el despertar; la formación de hábitos; la adquisición de habilidades.

El despertar

Es una etapa de profundización sobre el reconocimiento de sí mismo, basado en el desarrollo sensoperceptivo, propioceptivo y exteroceptivo por medio de los sentidos, y todo el complejo de sensaciones que se suscitan al hacer entrar en funcionamiento una multiplicidad de receptores del sistema nervioso tales como táctiles (superficiales y profundos), kinestésicos, visuales, auditivos, térmicos, olfativos, etc.

Objetivo general: Desarrollar el instinto investigador y profundizar sobre el reconocimiento de sí mismo.

Objetivos específicos: Profundizar sobre el esquema corporal. Reconocer el propio cuerpo, global y segmentadamente. Desarrollar una actitud consciente y sensible hacia sí mismo. Agudizar la conciencia y la percepción del cuerpo de "el otro". Comenzar a descubrir, comprender y controlar la motricidad. Crear las condiciones favorables para adquirir la precisión de los movimientos, y la capacidad de suprimir las contracturas musculares innecesarias en cada acción. Comenzar a despertar la sensibilidad y la imaginación corporal, que habrán de ser la fuente creativa en punto a la adquisición de maneras de ser y expresarse propias de cada persona. Asentar las bases para una etapa superior de logro de hábitos corporales posturales y motores. Asentar la base de una actitud de respeto y cuidado hacia el propio cuerpo y, por tanto, del cuerpo de "el otro".

La formación de hábitos

Es la etapa de la instrumentación de todo lo adquirido en "El despertar" en función de la higiene de movimiento corporal. Es una etapa de aprendizaje, es decir de comenzar a modificar las conductas posturales y motrices de modo estable.

24

Objetivo general: Adquirir conductas y hábitos posturales y motores sanos y positivos para el desarrollo de este lenguaje y para el bienestar en general.

Objetivos específicos: Conocer y controlar la energía corporal. Aprender a usar la energía con más economía. Aprender a aumentar la resistencia física. Conseguir aminorar el cansancio *(stress)*. Lograr un sentimiento de bienestar corporal. Desarrollar la capacidad de eliminar todo esfuerzo innecesario para el objetivo perseguido en cada momento. Asentar las bases para una etapa superior de logro de habilidades corporales, posturales y motrices. Desarrollar una actitud trasformadora para con el cuerpo propio y ajeno. Mantener en todo momento una actitud sensible y creativa, desarrollando a la vez el dominio del cuerpo y la capacidad de sentir y expresarse durante todo este proceso.

La adquisición de habilidades

Es la etapa de la integración de los hábitos ya adquiridos en el proceso de aprendizaje de praxias más complejas.

Objetivo general: Adquirir un lenguaje corporal propio postural y motor más amplio, rico y creativo.

Objetivos específicos: Desarrollar habilidades de coordinación, equilibrio, salto, agilidad, rapidez, resistencia, etc. Desarrollar los movimientos fundamentales de la locomoción. Desarrollar la capacidad de la rápida reacción en respuesta a estímulos externos o internos. Desarrollar la capacidad imitativa. Desarrollar la imaginación y la creatividad corporal para afianzar el lenguaje propio. Desarrollar la capacidad de inventar posiciones y movimientos propios, aislados y encadenados en secuencias, así como adquirir la capacidad de recrear secuencias de movimientos propuestos por otros. Desarrollar las posibilidades de trabajar habilidades y destrezas en parejas y en grupos de tres y más personas.

B — Espacio

Objetivo general: Integrar creativamente aspectos espaciales en la práctica de la expresión corporal.

Objetivos específicos: Desarrollar la percepción del espacio personal (el propio cuerpo). Desarrollar la percepción del espacio parcial (el espacio inmediato al cuerpo). Desarrollar la percepción del espacio total (el espacio abarcado por el desplazamiento corporal). Desarrollar la percepción del lugar físico. Desarrollar la integración creativa de objetos ubicados con un sentido o un orden específico como un estímulo creativo. Desarrollar la conciencia del espacio social (la interacción con "otro" y "otros" como factor creativo espacial).

C — Calidades de movimiento

Objetivo general: Enriquecer este lenguaje integrando las calidades de movimiento, definidos como aquellos que reúnen variantes de los factores temporales, espaciales y energéticos.

Objetivos específicos: Adquirir nociones de los tres esfuerzos motores definidos como variantes de las siguientes combinaciones:

Energía: fuerte y débil.
Espacio: directo e indirecto.
Tiempo: rápido y lento.

Contemplar matices de ellos y su relación con la dinámica corporal.
— Integrar las ocho acciones básicas en el lenguaje corporal:

Acción	Energía	Espacio	Tiempo
golpear:	fuerte,	directo,	rápido
flotar:	suave,	indirecto,	lento
latiguear:	fuerte,	indirecto,	rápido
fluir:	suave,	directo,	lento
torcer:	fuerte,	indirecto,	lento
palpar:	suave,	directo,	rápido
presionar:	fuerte,	directo,	lento
sacudir:	suave,	indirecto,	rápido

— Adquirir nociones e integrar movimientos centrales y periféricos.
— Adquirir nociones e integrar movimientos vibratorios.
— Adquirir nociones e integrar movimientos de atracción y rechazo (traccionar y rechazar).
— Adquirir nociones e integrar las variantes del aumento y de la disminución de energía (movimientos con cambios paulatinos y repentinos). Desarrollar la capacidad de suspender o detener totalmente el movimiento. Experimentar movimientos activos y pasivos.
— Adquirir nociones e integrar movimientos de fluidez libre y fluidez conducida. Entendemos por **fluidez libre** aquellos movimientos caracterizados por un impulso inicial que desencadena una respuesta libre como sacudir, latiguear, columpiar (movimiento pendular impulsado). Estos movimientos corresponden a lo que se califica como acción activa y pasiva. La parte activa establece la velocidad y la intensidad; la parte pasiva responde de manera acorde con este estímulo o impulso. Por ejemplo:

a) De pie en posición recta, se puede vivenciar la calidad de sacudimiento en el cuerpo (siempre que éste no esté tenso) con el solo hecho de levantar un poco los talones y bajarlos con peso o impulso sobre el piso. Las zonas activas son las articulaciones de los tobillos, mientras el movimiento de fluidez libre se manifiesta muy particularmente en los brazos y los hombros, considerados como los receptores pasivos.

b) En posición recta se puede desencadenar un movimiento de balanceo (vaivén) de brazos desde un movimiento de rebotar de rodillas, o de rotar las caderas hacia la izquierda y hacia la derecha.

c) Con los brazos totalmente relajados y con una simple imagen de látigos no es difícil encontrar los puntos de apoyo en el cuerpo desde los cuales impulsar movimientos de brazo, cuya calidad es de fluidez libre a la respuesta de un látigo al ser manipuleado como tal. Otra imagen que puede servir como apoyo a la comprensión y logro de movimientos de fluidez libre puede ser la de una chaqueta colgada de una percha; al mover la percha de diversas maneras, las mangas responden con la calidad de fluidez libre.

Fluidez conducida, como contraposición a la anterior definición de fluidez libre, será todo movimiento que no se apoye en el concepto de zonas activas y pasivas, sino que la parte del cuerpo movido esté controlada hasta tal punto, que la dirección, la velocidad y la energía del movimiento sean conscientes, predecibles y reversibles en todo momento.

2 – COMUNICACION

La comunicación y el desarrollo del proceso creativo, pueden considerarse dentro de los objetivos más importantes de la Expresión Corporal.

Si la Expresión Corporal es una disciplina basada en una conducta humana existente desde siempre, si esta disciplina tiene como objetivo apoyar e intensificar el desarrollo de esta conducta, trasformándola cada vez más en un lenguaje artístico con características intrínsecas a cada individuo, es lógico pensar que este desarrollo debe basarse en aspectos de la investigación personal sensoperceptiva. Conociéndose, sintiéndose y expresándose significa entrar en una relación intrapersonal.

Cuando se trata de expresarse, o aún de expresar al mundo a través uno mismo, es oportuno conocerse y desarrollar los aspectos físicos y psíquicos encontrados en la exploración de sí mismo. Poco podemos descubrir acerca de nuestra realidad psico-física si nos entrenamos solamente con copias de modelos ajenos a nuestra propia investigación sensitivo-motriz. El proceso técnico a seguir en nuestro caso está señalado por los objetivos perseguidos.

El ser humano en comunicación con sí mismo, por más lograda que sea esta comunicación, representa sólo un aspecto de la comunicación buscada en Expresión Corporal. Cada persona se integra en un mundo externo de cosas y de personas. La comunicación se realiza también en forma interpersonal y grupal. Se aprende las técnicas más adecuadas para interactuar, para comunicarse y participar en un aprendizaje mutuo: aceptar, adecuar, sintonizar y transformar el lenguaje personal con el de otros, para encontrar la regulación mutua que permite un diálogo corporal.

Estos objetivos acerca de aspectos de la comunicación requieren para su desarrollo el manejo de técnicas de dinámica de grupo, puesto que es fundamental para el mejor logro del trabajo poder establecer "reglas de juego" conocidas y aceptadas por el grupo.

Dentro de las reglas fundamentales debe figurar el establecimiento de una relación grupal fraternal. Un grupo que a la vez acepte y aprenda a contener sus integrantes. Donde cada integrante puede experimentar que si lo sentido y expresado por él no es del todo captado por otros, no obstante sea aceptado y también comentado por el grupo. Establecer grupalmente los códigos necesarios para entrar en acción y que esta acción tenga como finalidad la creación de nuevos códigos. En otras palabras que las mismas reglas de juego sean las que estimulen una relación fraternal, comunicativa y creadora.

3 – CREATIVIDAD

Nuestro trabajo se apoya en el aspecto lúdico del ser humano, en su necesidad de jugar y crear; en la energía y la curiosidad encausadas hacia la investigación; en la transformación de lo investigado en imágenes sensoperceptivas con un contenido simbólico-emocional particular a cada persona.

La importancia del desarrollo sensitivo-motriz como base de nuestra técnica expresiva-creadora se comprende más en cuanto se sabe que el aspecto motor es esencial no solo como manifestación expresiva sino como fundador de sensaciones e imágenes.

La Expresión Corporal se desarrolla sobre la imagen táctil, visual y sonora y con menos frecuencia (pero no por eso con menos interés) la imagen olfativa y gustativa.

La zona sensorio-motora, gran movilizadora de imágenes, memorias y recuerdos, ejerce una enorme influencia en la totalidad de la persona. Hay una conexión estrecha entre la imagen sensoperceptiva del movimiento y otros sistemas de imágenes. Se comprende mejor entonces por qué, en algunos casos, la movilización sensitivo-motriz produce diversas imágenes inclusive de los colores. O a la inversa, cuando el trabajo se basa en una incentivación de colores imaginados, éstos estimulan o inducen movimientos con calidades específicamente relacionados con el color imaginado. Quizás ésto se entienda mejor al citar la siguiente experiencia:

A un grupo mixto de adultos dividido en activos y observadores le fue dada la consigna de dejar que el cuerpo sea invadido por un color imaginado por cada uno, y que ese color entrara por alguna zona de su cuerpo y tomara posesión del mismo. Un joven comenzó a elaborar el trabajo imaginativo con mucha claridad de acción, haciendo "entrar" el color por la punta de los dedos de la mano. Se veía cómo "se desplazaba el color" por los brazos y finalmente por todo el cuerpo a través de los movimientos que hacía. Si bien no fue difícil seguir la trayectoria del color, en cambio no aparecieron indicios del color elegido hasta que el joven comenzó a moverse ("mezclando el color"), y se movía con más y más energía. Se podía oír su respiración y observar una descarga motriz muy grande mientras él giraba y "mezclaba el color en su cuerpo". Al concluir el trabajo el grupo observador, en conjunto le preguntó: "¿Ronnie, elegiste el color rojo?" Efectivamente. No era tan fácil reconocer en los otros casos cuales fueron los colores elegidos pero sí la relación establecida por cada uno con el color imaginado.

En el proceso sensoperceptivo, al conectarse con el cuerpo, sentirlo y comenzar a expresar ese sentir, se puede desarrollar una percepción cada vez más agudizada del propio cuerpo en el aquí y el ahora. Puede ser también que en la medida en que se concentra el pensamiento en el cuerpo comiencen a aparecer otras imágenes del mismo. En otras situaciones no sólo la del momento actual. Aún otra posibilidad es que mediante el trabajo sensitivo motriz aparecen otras imágenes del cuerpo, o partes del mismo, trasformado en otras cosas, animadas o inanimadas, y éstas pueden dominar e interferir con el primer momento del proceso. Está en nosotros entender y encauzar este proceso de imágenes según los objetivos perseguidos en las prácticas.

Aquí se debe hacer mención de los dos tipos de imágenes trabajadas:

a) La imagen reproductiva

Consiste en la elaboración de una imagen real, (uno mismo; un objeto; o una situación tal cual es) ya sea que se trate de algo presente, y tangible, o de una evocación fiel de lo mismo.

b) La imagen productiva

Consiste en la creación de nuevas imágenes. Pueden ser variantes de las imágenes reproductivas o imágenes totalmente nuevas.

En el trascurso de nuestras prácticas habitualmente se pone el énfasis en un proceso creativo que surge de:
— expresar el cuerpo con el cuerpo;
— expresar otras cosas, u otras imágenes con el cuerpo;
— expresar el cuerpo incorporando objetos auxiliares;
— expresar otras cosas con el cuerpo y objetos auxiliares.

Expresar el cuerpo con el cuerpo

Significa expresar las propias sensaciones y energías, y las imágenes que surjan de éstas:

Partiendo del desarrollo sensoperceptivo: se entra en un proceso de conciencia del cuerpo concentrándose sobre sus apoyos, peso, consistencia, temperatura, movimiento articular y muscular, placer, dolor, etc. Es decir se estimulan centros receptores en diferentes zonas, superficiales o profundas, que agudizan la conciencia de una zona específica del cuerpo en forma aislada o integrada al todo. A partir de estas sensaciones se comienza el proceso expresivo y creativo. Cuanto más claras sean las sensaciones más urgente será la necesidad de expresarlas, y al expresarlas se vuelven a realimentar.

Partiendo de estados anímicos: la acción que nace de un estado anímico puede alimentar, e intensificar o modificar la emoción inicial de la cual partió. La expresión de un estado anímico puede ser el factor desencadenante de su propia trasformación en otro.

En estos dos casos el trabajo puede iniciarse como una expresión de sí mismo a nivel de sensaciones, energías y emociones. Durante el trabajo pueden aparecer imágenes que dominen y determinen el desarrollo del proceso expresivo, no obstante haberse originado simplemente en la conciencia y la expresión de sensaciones.

Expresar otras cosas u otras imágenes con el cuerpo

Ser creativo con el cuerpo, resolviendo corporalmente las ideas concebidas. Dar respuestas o soluciones corporales a consignas formuladas por uno mismo, o por otros. Usar el cuerpo como instrumento en un proceso creativo de calidad artística.

En este caso el postulado no es sólo prestar atención, responder con su cuerpo a aquello que su cuerpo exige: estirarse, rodar, sacudirse, permanecer en quietud, etc. sino por ejemplo: de cuántas maneras distintas puedo desplazarme sobre una línea recta. Aunque ésto no sea exactamente lo que mi cuerpo me esstá exigiendo empiezo a elaborar una serie de respuestas a esta consigna. La respuesta corporal en este caso será una elaboración de una idea y puede o no estar respondiendo a una necesidad sensoperceptiva.

Expresar el cuerpo incorporando objetos auxiliares

Involucra la capacidad de valerse de otras cosas: objetos, imágenes, o sonidos para lograr la mejor expresión de sí mismo. En la selección y el modo de relacionarse con estos objetos aparecen los aspectos creativos, y se manifiestan las imágenes productivas.

Expresar otras cosas, con el cuerpo y objetos auxiliares

Involucra la capacidad de valerse de otras cosas: objetos, imágenes o sonidos para lograr la mejor expresión del tema elegido. La selección y el modo de uso de los elementos pondrá en marcha y evidenciará el proceso creativo.

4 — ESTIMULOS

Estímulo sonoro: La Música

Objetivo general: Enriquecer y profundizar el lenguaje de la Expresión Corporal con los aportes musicales y sonoros en general.

Objetivos específicos: Desarrollar la percepción y la discriminación de los sonidos. Desarrollar la sensibilidad musical. Desarrollar la capacidad de reaccionar con respuestas corporales, sensibles y creativas, al estímulo sonoro cualquiera que fuese. Adquirir conocimientos de elementos musicales por medio de la corporización de los mismos.* Adquirir la capacidad de liberar y valerse del aparato respiratorio y fonador (la voz). Adquirir la capacidad de producir e integrar sonidos, con objetos (sean éstos corporales o producidos con instrumentos musicales y otros objetos). Desarrollar la capacidad de seleccionar y ordenar los estímulos sonoros en función del objeto de las prácticas. Adquirir la capacidad de utilizar un material sonoro pre-existente (cintas magnéticas, discos, etc.) en función de esta actividad. Estimular el interés por desarrollar las posibilidades al alcance de cada uno para organizar su propia banda sonora.

Estímulo literario: El Habla

Objetivo general: Enriquecer la Expresión Corporal con los aportes de la palabra, el lenguaje y aspectos literarios en general.

Objetivos específicos: Desarrollar la utilización como estímulo creativo de números, letras, fonemas, palabras, frases, refranes, coplas, poemas, rimas, fábulas, cuentos, adivinanzas, jitanjáforas, etc. Desarrollar la capacidad de leer creativa e imaginativamente en función de esta actividad. Adquirir la capacidad de seleccionar personalidades, personajes situaciones extraídos de la literatura y adecuados para ser desarrollados en la práctica. Desarrollar una sensibilidad hacia los sonidos onomatopéyicos de las palabras como estímulo del movimiento. Desarrollar la conciencia de la importancia del significado de las palabras como incentivación. Desarrollar la capacidad de implementar el lenguaje adecuadamente para comunicar las consignas con claridad e incentivar las prácticas con sensibilidad e imaginación, haciendo hincapié en "qué" se dice y "cómo" se lo dice.

Guía para la incentivación hablada

Las consignas deben ser claras, concisas y adecuadas para llegar a la acción. No deben ser tan pocas que no dejen clara la intención, ni tan abundantes, que produzcan confusión. Las consignas deben ser dadas a una velocidad y con un timbre de voz adecuados para asegurar su mejor comprensión y el logro del clima de trabajo apropiado. Las incentivaciones, cuando éstas se dan a través del desarrollo del trabajo, deben ser adecuadamente espaciadas para dejar el tiempo necesario a fin de que los ejecutantes las elaboren. Muchas indicaciones seguidas, especialmente cuando

---

* Ver Cuaderno de Expresión Corporal Nº 1: "La corporización de aspectos Musicales".
Justamente con relación a este aspecto de nuestra actividad surgen las confusiones con las diversas escuelas que recurren al movimiento para la educación musical. Aclaro que, si bien la Expresión Corporal está muy ligada a la música, bajo ninguna condición pretende ser solamente un auxiliar en función de la adquisición de conocimientos musicales o técnicas instrumentales.

despiertan ideas o imágenes distintas, no permiten más que una elaboración y una respuesta precipitadas y superficiales.

Hay dos aspectos de la incentivación hablada y ambos apuntan a la motivación de los practicantes en el desarrollo de su acción.

Uno (la consigna): consiste en todo aquello que comunica y aclara a los integrantes del grupo el contenido, o en algunos casos el objetivo, de la práctica propuesta. Los hace partícipes del planteo, los informa.

Dos (el estímulo): propone sobrepasar la mera información, puesto que debe llegar a mover las fibras más sensibles y emotivas, y ayudar a que cada uno sienta y exprese lo que siente. En este punto es donde influyen sobremanera el tono de la voz y la riqueza del lenguaje, así como el hecho de saber encontrar la palabra o la imagen que más ayuden al sujeto a seguir su propio proceso interno. Se debe tener en cuenta siempre que la incentivación es el aporte sensible y creativo del maestro; la respuesta, en cambio, pertenece al alumno.

Pero sin duda tanto más ricas serán las respuestas cuanto más se perfeccionen y adecuen las técnicas de incentivación empleada por el maestro.

Estímulo visual: La Plástica

Objetivo general: Enriquecer el lenguaje corporal con aportes visuales.

Objetivos específicos: Desarrollar la percepción visual. Aprender a ver y mirar de otras maneras y otros ángulos. Agudizar la percepción de formas y colores e integrar éstos creativamente en las prácticas de Expresión Corporal. Desarrollar la capacidad de mirar, retener, y evocar las imágenes. Desarrollar la capacidad de integrar creativamente la imagen (cuadros, fotos, proyecciones, realidad). Desarrollar el aspecto creativo a partir de la introducción de objetos auxiliares como estímulo visual.

Objetos auxiliares

Los objetos son utilizados en las prácticas por ser elementos esenciales de nuestro entorno.

A través de ellos el individuo se contacta con el mundo exterior recibiendo una información primaria. Constituyen pues un vínculo mediante el cual los seres humanos pueden comunicarse y expresarse creativamente.

Las resultantes de la información a la que nos referimos, con los objetos como intermediarios pueden ser clasificados de la siguiente manera:

Autodescubrimiento: el objeto ayuda al proceso del propio reconocimiento, aportando al individuo información de sí mismo.

Descubrimiento de "el otro": a través de la manera en que actúa:

a) cuando se relaciona sólo con un objeto.

b) cuando se relaciona con otro por medio de un objeto.

c) cuando uno mismo entra en relación con "el otro" a través de un objeto.

(En a) y b) la información se recibe por observar al sujeto, y con c) por la relación establecida en el contacto directo.)

Información acerca del objeto mismo: por contacto directo con él, mirando, tocando, manipuleando, etc.

Comunicación: valiéndose del objeto como un medio o canal de conexión consigo mismo (individual), con otro (interindividual), o con un grupo (grupal).

Creatividad: individual, interindividual y grupal, valiéndose del objeto como punto de partida para el desarrollo de la imaginación.

Durante el curso de nuestro trabajo usamos:

Objetos abstractos: pensamientos, ideas, imágenes, etc.

Objetos concretos: inertes, en general clasificados como rígidos: palos, sillas, banquitos, que no cambian de forma; maleables, o sea, que se pueden modificar doblándolos, estirándolos, comprimiéndolos, etc., tales como telas, sogas, elásticos, bolsitas rellenadas de alpiste, colchonetas, etc.; vivos, es decir, otras personas, especialmente cuando éstas desempeñan el papel pasivo.

En este análisis del objeto como apoyo de la tarea, sólo contemplaremos los objetos concretos inertes, es decir, las cosas que tienen un carácter material que se ofrece a la vista y que afectan a los sentidos. Nuestro trabajo concierne a la trasformación de cosas y objetos, por el uso y su aplicación específica, en objetos auxiliares para el desarrollo del lenguaje que llamamos Expresión Corporal.

Objetivo general: Si bien el objeto cumple muchos objetivos específicos en las prácticas, su objetivo principal en este quehacer tiene carácter de apoyo: es un auxiliar o un medio para lograr los objetivos.

Objetivos específicos: Su integración en las prácticas aporta: al logro de los objetivos generales de la Expresión Corporal; y al desarrollo de: los principios de placer, el goce por este lenguaje, el sentido del juego y el sentido del humor. El objeto puede ser muy eficaz como medio auxiliar, en el aprendizaje de los aspectos que comprenden los contenidos específicos de este lenguaje. Por ejemplo en los diversos aspectos de las técnicas de movimiento.

Esquema corporal y motricidad: Como aporte en la concientización y sensibilización del cuerpo, la formación de hábitos y el desarrollo de destrezas corporales.

Espacio: Como aporte en las prácticas que tratan del concepto del espacio personal, parcial, total y social.

Calidades de movimientos: Como aporte para la comprensión y vivencia de las distintas calidades de movimientos.

Momentos o etapas en la relación con el objeto:

— Descubrimiento: (etapa positiva) incluye: el primer contacto, la investigación y exploración, la atracción de lo desconocido, el aporte atractivo de enganche.
— Desvalorización cognitiva: (etapa negativa) incluye: la saturación, el aburrimiento de lo conocido, conductas repetitivas, el estancamiento, la automatización.
— El reencuentro: (etapa positiva) incluye: la búsqueda de lo todavía no conocido, el enriquecimiento del aspecto creativo, la profundización sobre sí mismo, enfatizando la seguridad en la superación de la segunda etapa negativa.

Importancia del objeto:

— El objeto adquiere una importancia relevante, especialmente en ciertos momentos del proceso evolutivo, cuando la presencia del objeto concreto y palpable se vuelve una necesidad.
— Como factor muy positivo en la estructuración de la personalidad; por ejemplo, en la·adquisición de seguridad, confianza y afirmación del sujeto, quien puede apoyarse y ocultarse en el objeto como comienzo de un proceso liberador.
— Por el sentido, significativo o mensaje que el objeto mismo comunica por el solo hecho de hablar a la sensibilidad y a la percepción, tendiendo a despertar reacciones asociativas generales y particulares. Por ejemplo, bancos, sillas, sombreros, guantes y polleras pueden a la vez motivar respuestas comunes a todos, por el uso dado habitualmente a estos objetos, y también movilizar recuerdos que, como consecuencia, estimulan respuestas personales y únicas en la medida en que

cada persona puede haber tenido una experiencia específica y particular con uno de ellos.

Por el estímulo estético del objeto y la reacción subjetiva ante su forma, color, textura, etc.

Cada objeto tiende a movilizar reacciones de agrado o de desagrado que pueden variar según el sujeto y el momento en el que se relaciona con el objeto. Estas emergencias pueden servir como verdaderos estímulos de la acción expresiva. El sujeto manipulea el objeto; la respuesta de éste, a su vez, realimenta al sujeto y establece un proceso desencadenante de acción y respuesta sin interrupción.

Advertencia:

En la medida en que los objetos y su manipuleo se convierten en objetivos en sí mismos en vez de utilizárselos como medios o momentos del proceso se corre el riesgo de que se forme una dependencia excesiva que dificulta la liberación del sujeto cuando éste desee expresarse sin apelar al objeto. El desarrollo de una habilidad en el manipuleo del objeto y no del sujeto que lo maneja. La transferencia de la creatividad corporal de la persona a la creatividad de lo visto en el movimiento del objeto. Sin embargo, consideremos que lo que resultaría trabas y limitaciones en nuestra tarea podría no obstante ser el objetivo principal de otras disciplinas cercanas, tales como el manejo de títeres, marionetas, teatro de sombras, etc.

Pautas que pueden servir como guía. En el proceso del primer momento de acercamiento y en la elaboración posterior del trabajo con objetos; se deben investigar y elaborar respuestas a las siguientes preguntas:
— ¿Cómo es?
— ¿Cómo puedo moverlo?
— ¿Cómo ayuda a moverme?
— ¿En qué puedo transformarlo?

¿Cómo es?

La búsqueda de la respuesta a esta pregunta se apoya en el reconocimiento del objeto por las vías sensoriales, por el desarrollo de los sentidos del tacto, la vista, el oído, el olfato, el gusto.

Es una etapa de investigación, en la que se propone acrecentar la sensibilidad desarrollando los sentidos uno por vez. Es el comienzo de un proceso, pues en este primer momento de sensibilización se apoyará el trabajo posterior de acercamiento y elaboración creativa. El tacto: este sentido se desarrollará merced al siguiente proceso: Con los ojos cerrados (esto es recomendable para acrecentar la percepción táctil) se tratará de registrar las características específicas acerca del objeto mismo, tomando conciencia de su textura, forma, consistencia, temperatura, tamaño, maleabilidad, superficie, peso. En otras palabras, todo aquello que nos dice algo acerca del objeto investigado. Se debe tener en cuenta que la posibilidad de recibir información respecto de un objeto por la sensibilidad táctil no se limita al contacto y manipuleo, sino se extiende a cualquier superficie del cuerpo. La investigación comparativa entre una y otra parte nos llevará a descubrir aspectos acerca de nuestro propio cuerpo, además de los aspectos que descubriremos del objeto investigado. No obstante, convendría tener muy claro, al incentivar los trabajos, cuándo se está proponiendo el registro de información acerca del objeto y cuándo acerca de uno mismo.

La vista: por supuesto, la investigación táctil se puede también efectuar con los ojos abiertos, sólo que al emplear más de un sentido por vez la conciencia perceptiva se dispersa. Ahora bien, si al concluir una investigación táctil abrimos los ojos, encontraremos nuevas riquezas no captadas por el tacto, como colores, reflejos, luz y sombra, diseños (cuándo no están en relieve o no son discernibles por distintas texturas captables por el tacto), y los cambios de estas calidades visibles al poner el objeto en movimiento.

El oído: abarcará todo lo abordable al hacer sonar el objeto: con el cuerpo del sujeto (golpeando, sacudiendo, frotando, o manipuleándolo de cualquier otra manera), o con y contra otros objetos.

El olfato: este se desarrollará mediante el reconocimiento de objetos por su olor.

El gusto: interviene en ejercicios de sensibilización únicamente con objetos comestibles: gomas de mascar, caramelos, frutas, etc. o aquellos otros que se pueden llevar a la boca sin perjudicar la salud.

¿Cómo puedo moverlo?

Esta etapa de la investigación tendrá varios momentos. Uno será el de descubrir las respuestas intrínsecas de la naturaleza del objeto al recibir algún impulso del sujeto; así se descubrirá si el objeto: rueda, rebota, vibra, oscila, flota, se desliza, se estira, flamea, etc.

Otro momento será el de observar características específicas de cada objeto en estas acciones, pues no todas las pelotas ruedan y rebotan de la misma manera, con la misma velocidad, sonido, intensidad, ritmo, etc., ni todas las telas se mueven iguales al ser sacudidas, flameadas o estiradas.

Además de descubrir las respuestas intrínsecas de cada objeto al ser investigado, se pueden inventar otras maneras de levantarlos, bajarlos y llevarlos de un sitio a otro.

A través de este proceso el énfasis de la investigación recaerá en el descubrimiento, ante todo, de la reacción del objeto ante el manipuleo del sujeto.

¿Cómo ayuda a moverme?

En esta etapa el trabajo se apoya en todo lo descubierto en la etapa anterior, excepto que ahora se invierte el centro de interés. En vez de buscar cómo mover el objeto, se utiliza éste para movilizar el sujeto. Aquí la búsqueda se centralizará en descubrir lo que el objeto aporta como estímulo táctil, visual, sonoro y de apoyo en general para que el mismo sujeto entre en acción. Así descubrirá no sólo lo que cada objeto puede sugerir mediante el proceso de su manipuleo, sino también cuál de ellos le sirve en trabajos específicos, como por ejemplo los de desarrollar su capacidad de saltar, de buscar su equilibrio, movilizar su columna, estirarse, relajarse y muchos otros.

¿En qué puedo trasformarlo?

Este trabajo apunta al desarrollo de un proceso imaginativo y creativo. Se basa en el reencuentro con el encanto del juego infantil, en el que un simple palo se convierte en un sinfín de otros objetos, según el deseo del sujeto. Por supuesto, en Expresión Corporal se sobreentiende que la trasformación del objeto debe tender hacia la integración de la persona en el juego con el mayor compromiso corporal posible, y no en la transformación del objeto en sí solo. En otras palabras, no trasformar una soga en una serpiente o un pájaro por la manera en que se la dobla, y retirarse a observar el resultado, sino partir de cada una de estas ideas para ver cómo uno mismo puede actuar con la soga, moviéndola o moviéndose con ella como reptil, pájaro, etc.

Pautas para elegir los objetos:

La selección de objetos para integrarlos en las prácticas quedará librada a cada persona y cada coordinador de grupo.

Será conveniente, no obstante, que ni en la selección ni en el uso se pierdan los objetivos generales de la Expresión Corporal.

El objeto se puede introducir en las prácticas en distintos momentos:

En el curso de la tarea, como emergente del trabajo mismo cuando aparecen obstáculos que dificultan llegar al objetivo propuesto. La introducción del objeto en estos casos ayuda a resolver la dificultad.

Mediante la planificación previa, cuando el objeto está integrado desde un principio en la acción.

ORGANIZACION DE LA PRACTICA

1 - Centros de interés

Las experiencias prácticas se organizan sobre la base de temas o centros de interés, cuyo fin consiste en proporcionar la motivación para las acciones, un eje para un trabajo específico.

Un centro de interés sólo puede servir a este fin si el grupo de practicantes lo encuentra atractivo.

El educador debe a la vez comprender los intereses y necesidades de sus alumnos, saber cómo incentivarlos y tener a su alcance la fundamentación y metodología para poner en marcha un proceso creativo. Esto requiere no sólo el conocimiento de la Expresión Corporal misma sino también del medio familiar, escolar y regional del educando, además de la etapa evolutiva en que se halla, para que su mundo real aparezca en las prácticas y sea trasformado por su imaginación en respuestas personales a las consignas e incentivaciones empleadas por el maestro.

Acerca de un centro de interés

Qué es: una idea o un tema alrededor del cual se centra un trabajo práctico.

Para qué sirve: su objetivo principal es obrar como elemento motivador para la acción, estimulando la imaginación y dando significado a las respuestas de los practicantes.

Cómo se realiza: hay distintas formas. A continuación se ofrecen algunos ejemplos tipos.

Objetos específicos: desarrollar la capacidad de percibir el mundo circundante y establecer un vínculo entre éste y la Expresión Corporal. Desarrollar la capacidad de encontrar áreas de interés en la historia, la geografía, la matemática, los fenómenos de la naturaleza y la cultura en general adecuadas para este quehacer. Desarrollar la capacidad de rescatar los objetos cotidianos como fuente creativa en las prácticas. Incluir los contenidos, es decir, los aspectos integrados en las prácticas de expresión corporal, dentro de los temas de trabajo, como también basarse en cualquiera de estos aspectos como centro de interés por sí solo. Capacitarse para organizar las prácticas de tal manera que tomen en cuenta el proceso evolutivo del ser humano y para adecuar los trabajos a la edad y a la realidad de cada persona y cada grupo.

Ejemplos de adecuaciones:

A distintas etapas evolutivas. A los distintos niveles de la enseñanza: preescolar, primaria, secundaria, universitaria. A la enseñanza diferencial. A otras disciplinas artísticas (teatro, música, plástica, etc.). A grupos de recreación y tiempo libre. Al campo terapéutico de prevención, curación y recuperación. A grupos mixtos: ambos sexos, maestros y alumnos, padres e hijos, interdisciplinarios, intergeneracionales.

Aclaración: Cuando se trabaja sobre un tema no se trata de contar o actuar un relato o una historia (diferenciándolos, quizá, de lo antiguamente conocido como cuento animado), sino de utilizarlos simplemente como apoyo o estímulo para el desarrollo de la imaginación y su encauzamiento hacia la creatividad corporal.

Planificación de un centro de interés

Tema a desarrollar: Las estaciones.
Organización del trabajo: En la organización se contemplan dos aspectos: a) Los aportes específicos del tema; b) Los contenidos del programa de Expresión Corporal. Los aportes específicos del tema.
Estación específica: El invierno.
Factores climáticos: el viento, la lluvia; el frío; el sol; la nieve; la escarcha; el hielo.
Derivados de los factores climáticos: charcos; barro; aceras y calzadas resbalosas; pistas de patinaje.
Aspectos específicos de la época: hojas quemándose, humo, olor; comidas; juegos; ruidos; colores.
La vestimenta: bufandas; ponchos; guantes; gorros; botas; camperas; paraguas.
Objetos a utilizar: hojas secas; vainas; ramas secas; flores.

2 - La práctica

Aportes de los factores climáticos

Aspecto específico de la estación: El viento.

Clasificación de vientos: Brisas; ráfagas: muy fuertes, medianamente fuertes, suaves. Remolinos: fuertes, medianos, suaves.
Variantes de las características del viento: la dirección; la intensidad: fuerte, suave, variable, etc; la duración: continuo, interrumpido, etc.
Acciones del viento: levanta (papeles, polleras, sombreros, cabellos, paraguas); empuja; dobla; tumba.
Aspectos de los contenidos de la Expresión Corporal desarrollados con relación al tema: Invierno.
El área del cuerpo: movimientos fundamentales de locomoción; habilidades y destrezas corporales; calidades de movimiento y espacio motivados por la evocación del viento.
Por ejemplo: movimientos fundamentales de locomoción (motivados por la evocación del viento); caminar: Sentir el viento en la cara (integración del esquema corporal; en este caso, la cara). Sentirse llevado por el viento. Caminar cada vez más rápido hasta llegar a correr, como si fuese llevado por el viento. Caminar y entrar en un remolino. Correr: sentir el viento en la cara. Llevado por el viento. Contra el viento. Correr y detenerse (llevado por las ráfagas). Correr con cambios de dirección (cambios de dirección del viento). Correr y disminuir la velocidad. Correr y girar (ráfagas y remolinos).
Interacción: correr o caminar junto con un compañero. Correr o caminar hacia alguien y girar juntos (los dos activos, o uno activo y el otro de sostén, centro o

eje). Correr entrecruzándose. Uno camina o corre; el otro (el viento) lo empuja o lo conduce guiándolo con las manos.

Habilidades y destrezas corporales: motivadas por el viento hacer como si fuesen objetos movidos por el viento. Por ejemplo: a) Realizar giros apoyándose sobre diversas partes del cuerpo; de pie: los dos pies; un pie. En distintos niveles; normal; y con las rodillas dobladas en distintos niveles de cuclillas (como en el "demiplie" y "plie" *) En distintas velocidades desde las más lentas hasta la velocidad más rápida a su alcance. Sentado: diversas ideas del cómo y de la velocidad; acostado: sobre el vientre, de espaldas. b) Hacer girar diversas partes del cuerpo: la cabeza, los brazos, las manos. c) Realizar caídas; rodadas y saltos en distintas formas, velocidades y combinaciones de las mismas.

Los trabajos se pueden realizar individualmente o con la colaboración de uno o más compañeros. Ambos son activos, o bien uno pasivo y los otros actúan como viento, moviéndole el cuerpo.

Estímulo sonoro:

Con el propio cuerpo	aparato respiratorio; soplando silbando aparato fonatorio: la voz	de fuentes internas
	otras partes del cuerpo: manos sobre la superficie del cuerpo	de fuentes externas
Con objetos auxiliares:	pies contra el piso (frotar o deslizar) manos contra el piso (frotar o deslizar) papeles (manipulearlos) cualquier instrumento tradicional o no convencional como peines, papel, hojas secas, vainas, etc. (hacerlos sonar de diversas maneras)	

Proceso de búsqueda e implementación:

Consigna: "¿Qué sonido hace el viento?"
Realización: Búsquedas con el propio cuerpo; el aparato respiratorio, y el aparato fonatorio.
Organización y clasificación de las búsquedas en sonidos: suaves; fuertes, continuos, entrecortados, ondulantes, crecientes; decrecientes.
Aplicación de los aspectos sonoros investigados como acompañamientos para trabajos de movimientos fundamentales de locomoción; habilidades; calidades; espacio. Por ejemplo: una mitad del grupo ejecuta sonidos de ráfagas de viento. La otra mitad ejecuta movimientos que se identifican a la vez con la imagen de ráfagas de viento, y el sonido de las ráfagas. Los movimientos se pueden realizar con todo el cuerpo o con una de sus partes: mano, brazo o cabeza, por ejemplo.

---

* Terminología de la disciplina de la danza.

Estímulo del habla:

Motivado por el viento.
Palabras, coplas, rimas, sonidos onomatopéyicos.
Ejemplo: palabras, viento, brisa, ráfaga, ventarrón, soplo, remolino, etc.
Frases: sopla el viento; silba el viento; galopando voy junto con el viento.
Coplas: "Viento del Este, lluvia como peste", etc.
Rimas y adivinanzas:

> Juan Copete,
> Juan Copete,
> nadie lo ve
> y en todo se mete.

Ejemplo: Experimentar diferentes maneras de usar estos ejemplos. Decirlos de diferentes maneras hasta encontrar aquellos que motivan. Emplearlos para activar la imaginación de cada uno.

Quizá lo más valioso para la realización de los trabajos en Expresión Corporal sea la capacidad de usar el lenguaje con claridad, imaginación y sensibilidad, viendo que la puesta en marcha de las prácticas o las acciones dentro del tema depende en gran medida del gobierno del lenguaje hablado.

Con el lenguaje oral o verbal se comunica el encuadre de la práctica, y muchas veces la incentivación previa, o durante ésta, condiciona la riqueza de las respuestas de los alumnos en la medida en que llega a movilizar en cada cual sus resortes internos imaginativos y sensibles.

La canción

Al integrar el estímulo sonoro y el literario resulta un aporte muy rico para los trabajos sobre temas o centros de interés. En este caso podría ser "La canción del invierno":

> Invierno, invierno,
> frío en la nariz,
> llueve en los paraguas
> desde el cielo gris.
>
> Invierno, invierno,
> cuando sale el sol
> guardo en mis manitos
> todo su calor.
>
> Invierno, invierno,
> cuando hay ventarrón
> con mi barrilete
> a pasear me voy *

---

* *La canción del invierno*. Letra y música de María Teresa Corral. **Disco** "Vamos a inventar canciones", LP 007 La Cornamusa.

El objeto auxiliar

En un trabajo con un centro de interés.

Objetivo principal: Integrar objetos sugeridos por el tema como factor desencadenante para el desarrollo de la creatividad individual y grupal. Objetos de invierno: paraguas, guantes, etc.

PLANIFICACION DE UN TRABAJO PRACTICO

Planificación de un trabajo práctico motivado en los aportes específicos del tema: El invierno*
De este tema tomar solamente el aspecto de frío y calor.

PRIMERA ACCION

Se realiza sin desplazamiento en el espacio.
Objetivo: entrar en calor
a) Momento de trabajo individual.

Incentivados por la idea del frío se imaginan debajo de una ducha caliente y se enjabonan todo el cuerpo desde los dedos de la mano hasta los pies, incluyendo la cara, la cabeza, cuero cabelludo y el cuello. Tratar que el cuerpo no se tense, pues de esta manera se logrará mayor calentamiento.

Calidad de movimiento: frotar; rápido, liviano; multidireccional.

Las acciones pueden ser realizadas en silencio o acompañadas por sonido.

En el caso de apoyarse en el estímulo sonoro, éste puede ser proporcionado, por los participantes mismos con el uso de su propia voz, en sonidos onomatopéyicos de jabonar y frotar, o por un ordenamiento del estímulo sonoro externo (disco, banda sonora, o acompañante musical) que apoye la calidad del movimiento de frotar y estimule un clima de diversión adecuado a este trabajo, cuyo objetivo radica en entrar en calor por medio de un juego imaginativo. Puede darse también la posibilidad a los alumnos de grabar los sonidos que luego usarán para la acción.

b) Momento de interacción

En pareja. Uno da palmadas sobre la espalda de su compañero. como si estuviera secándolo, cuidando de no ponerse tenso en la acción.

Calidad de movimiento: palpar o pegar; rápido, liviano, directo.

Guía para la acción

Es importante, una vez incentivado el trabajo, *dar el tiempo necesario* para que los alumnos realicen la acción con el aporte de su entrega y desenvoltura imaginativa. Tratar de que el cuerpo no se tense, pues se debe usar poca carga de energía y mucha soltura a fin de no cansarse con demasiada rapidez ni en el momento a) ni

---

* Otras planificaciones se hallarán en la serie de cuadernos de Expresión Corporal, de la misma autora.

en el momento b). Ejemplo tipo de incentivaciones que ayudarán a llegar a la acción del 1 a). Traten de inventar otras incentivaciones y estimular para que también los alumnos aporten ideas.

Incentivaciones: (con las pausas necesarias entre cada idea para dejar el tiempo para su realización).

— Haremos ahora un juego imaginario: el juego de la ducha caliente.
— Imagínense ubicados debajo de una ducha.
— El agua está, justo, ni muy caliente ni muy fría.
— Cae sobre la cara y la moja.
— Comiencen con las manos a lavarse la cara, —la frente, —siguiendo la línea del cabello hasta las orejas, —las cejas y los párpados, —las mejillas y la mandíbula, —la nariz, —la boca y el mentón—.
— Ahora, la nuca; —lleven todo el pelo hacia adelante—.
— Laven las orejas una por vez, —especialmente detrás—, y todo el contorno.
— Dejen que el agua corra sobre el cuello;   —expongan parte por parte el cuello; —adelante, —al costado, —atrás.— Roten la cabeza para dejar al agua llegar a cada parte—.
— Pasemos a enjabonar los hombros con movimientos circulares sobre éstos y todos los huesos que encontramos de esta "percha".— Por debajo del hombro, —sobre las axilas, —con el brazo en alto—.
— Cambien de la axila al hombro.— Muevan el brazo, —arriba, —abajo.— Busquen el codo, —si se dobla se encuentra el huesito dulce.
— Laven alrededor del hueso con movimientos circulares; —la mano se mueve ágilmente.— Ahora prueben con la mano quieta y el codo que se mueve en pequeños círculos dentro de la palma.
— Pasen al otro lado del codo —estiren el brazo —y *planchen* el pliegue con pequeños movimientos a lo largo del brazo. Cambien del huesito al pliegue; —movilicen bien el brazo, —doblen y estírenlo.
— Lleguen a la muñeca.— La muñeca es muy ágil; puede ayudar a la mano que la lave.— Ambas rotan.— Háganlas girar rápidamente y aflojen todo el brazo.
— Prueben todo esto para lavar el otro brazo.
— Ahora les toca a las manos lavarse.
— Froten las palmas juntas.— Los dedos estirados.— Ahora los dedos se entrelazan.— Escuchen el sonido que hacen cuando se golpean las palmas con los dedos entrelazados. ¿Qué otros sonidos pueden hacer con las palmas? ¿De qué otras maneras se pueden lavar las manos? Suave, —lento, —redondo y continuo.
— Cada dedo y el pulgar.
→ El dorso.
— Conozcan toda la geografía de la mano.
— Enjabónense todo el torso, —de arriba abajo y hacia arriba otra vez.— Dóblense y tuérzanse. ¡Qué flexible es la columna! ¿Se pueden lavar la espalda? ¿Cómo? ¿Pueden llegar a todas las partes de la espalda? ¿Llegan a tocarse las manos si una pasa por encima del hombro y la otra sube desde la cintura?
— ¿Si cambian de mano también llegan a encontrarse? ¿Sí? Entonces se pueden lavar toda la espalda.
— Bajamos a lo largo de las piernas. Desde las caderas hasta los pies. ¿Alcanzan los pies sin doblar las rodillas?
— Si están descalzos, lávense los pies; si no, ¡laven los zapatos!

— ¿Ya están bien limpios?

Sáquense el jabón de todo el cuerpo. Sacúdanse, y a secarse con la toalla imaginaria. Inventen movimientos para secar cada parte del cuerpo. ¿Están limpios y calientes? Podemos pasar a otro juego.

SEGUNDA ACCION

Se realiza en el espacio total.

Primer objetivo:
Desarrollar la orientación en el espacio total.

Primera consigna

Todos se desplazan libremente en el salón o el lugar donde se realiza la clase.

La situación imaginaria es de una habitación soleada donde todos se desplazan para calentarse. Esta acción puede ir acompañada por un canto común o por un estímulo sonoro adecuado para caminar, correr o saltar.*

Segunda consigna

El coordinador del juego (puede ser el maestro o un alumno) menciona por turno distintos lugares de la habitación adonde se imagina que llegan los rayos del sol y hacia los cuales deben dirigirse los alumnos.

Algunos ejemplos:
— en el centro de la habitación;
— en un rincón;
— contra las paredes:
— en líneas paralelas, como si el sol brillara a través de rejas;
— tomar la idea de un rayo de sol como un haz de luz que se dilata y se contrae, para desarrollar un juego grupal en el cual el grupo se agranda y se achica dentro del rayo;
— en cualquiera otra formación que deseen inventar; intercalando una idea con otra.

Segundo objetivo:
Integrar el juego espacial con la conciencia del esquema corporal.

Consigna

Al llegar a la formación espacial indicada, exponer al sol distintas partes del cuerpo, que serán enumeradas por el que da las consignas (el profesor o un alumno)

Por ejemplo:
— la palma de las manos;
— la nuca;
— la cara
— la espalda;
— la planta de los pies;
— la oreja derecha, etc.

---

* Movi música. Obras en cassette de Carlos Gianni y Eduardo Segal. ''Temas para caminar''.

TERCERA ACCION.

Se integran las calidades de movimiento y las energías corporales.

Objetivo

Experimentar la diferencia entre el cuerpo relajado y el cuerpo en tensión.

Consigna

Este trabajo se puede realizar en parejas, intercambiando los papeles de ejecución y control de los cambios entre una y otra calidad.

La incentivación se basa en la idea de que el sol calienta el cuerpo y éste se relaja, se derrite, se ablanda. Cuando el sol desaparece, el cuerpo se enfría, se inmoviliza, se endurece.

El trabajo puede comenzar con la consigna del frío o con el calor del sol.

1ª Incentivación

Uno de cada pareja está en pleno sol de un día de invierno. Pueden imaginarse acostados sobre pasto seco o cualquier lugar de su fantasía;

Sentados sobre un banco en algún rincón soleado;

O simplemente de pie en un rayo de sol.

Sienten el cuerpo relajado, cómodo, ablandado por el calor del sol.

"El otro" de la pareja toca y mueve suavemente el cuerpo de su compañero para ver si está relajado.

2ª Incentivación

El sol desaparece y comienza a hacer frío; el cuerpo se endurece, se queda quieto y tenso; cada uno inventa la posición en la que quiere quedarse como estatua. El compañero de trabajo controla para ver si se ha podido cambiar del tono relajado a éste, opuesto, de rigidez. La señal para determinar la aparición y la desaparición del sol la puede dar cualquiera, ya con palabras, ya con un estímulo sonoro distinto para cada momento, o con un cambio de luces o señales de color. Los cambios se deben repetir varias veces.

3ª Incentivación

Ahora se invierten los papeles; el que controlaba hará los cambios de calidad, y el compañero los controlará.

Por supuesto, este trabajo se puede efectuar sin el control organizado de esta manera. Es una dinámica que sirve para estimular una interacción y para facilitar la distribución espacial en los casos de grupos numerosos.

CONCLUSION

La Expresión Corporal se ubica como un lenguaje entre los varios lenguajes que forman, juntos, el complejo de los lenguajes de la expresión humana.

En él el instrumento de expresión es el ser humano mismo, quien traduce y comunica el movimiento de su vida interior a través del gesto, el sonido, la actitud, el ademán y el movimiento de su cuerpo expresándose, comunicándose, e interactuando de esta manera con otros seres humanos.

En este lenguaje, "el creador y lo creado, el artista y la obra, son una y la misma cosa" (Curt Sachs).

Como orientadores en este quehacer, nuestros objetivos son:

a) Crear un clima de seguridad y afecto adecuado para la elaboración de los trabajos.

b) Desarrollar lo que ya es innato en cada cual, es decir, su propio lenguaje expresivo corporal y la capacidad de interactuar por medio de ello con otros seres humanos en relación con el medio en el que viven y los objetivos perseguidos en las prácticas.

c) Desarrollar y liberar la capacidad de sentir, expresarse y comunicarse, de una manera integrada, auténtica y creadora.

d) Desarrollar la capacidad de observar y ser observado, criticar y ser criticado, cambiar y cambiarse. En otras palabras, desarrollar una actitud abierta, comprensiva, crítica y transformadora para con uno mismo y para con los demás.

A fin de lograr estos objetivos, se sigue el camino de realizar experiencias en grupo sobre la base de la práctica y la reflexión.

Las prácticas integran un campo muy amplio de experiencias, en las que la estrecha relación entre forma y contenido incumbe a la esencia del lenguaje. El qué y el cómo de las prácticas cobran una y la misma importancia.

El profesor, orientador o coordinador de los trabajos debe tener en cuenta la importancia de lograr la integración de cada cual en el grupo de aprendizaje, puesto que juntos deben crear el clima que favorece el desarrollo de un proceso de compromiso progresivo, personal y grupal.

Esto es aun más comprensible si se toma en cuenta que para muchas personas la experiencia de revelarse frente a otras requiere una etapa previa de conocimiento y confianza mutuos. Será entonces nuestra función romper la esclavitud de las pautas rígidas de la enseñanza y conseguir una actitud más comprensiva entre el profesor y los alumnos, y hacer desaparecer la amenaza del aspecto de "premio" y "castigo", el concepto de "lo lindo" y "lo feo" y la imagen del modelo perfecto al que todos deben atenerse. Hay que crear, en su lugar, una actitud de cooperación en una situación de aprendizaje en la que cada cual tiene algo para aprender y en la que lo aprendido pertenece a todos.

El lenguaje del movimiento corporal reclama su debido lugar como lenguaje humano extra verbal, con su propia autonomía, al lado de otros lenguajes como la música, las artes plásticas, los juegos teatrales, etc.

La puesta en marcha de las diversas experiencias en el proceso de aprendizaje se realiza por medio de incentivaciones. Estas servirán, siempre que sean coherentes con el objetivo propuesto, de estímulos que impulsan y orientan a las búsquedas y las consecuentes respuestas personales de cada uno.

Nuestro papel como maestros consiste en saber concebir las preguntas, es decir, formular las consignas a los encuadres de las prácticas, y no en ofrecer las respuestas ya elaboradas.

A veces puede ser necesario mostrar y dejar la imagen visual de un movimiento, para esclarecer algún aspecto específico, pero éste, como método de enseñanza, debe ser aplicado con mucho criterio, para no fijar en nuestros discípulos una manera de ser ajena a ellos.

Sabemos que cada persona tiende, hasta cierto punto, a la formación de su propia estereotipia; pero al menos como orientadores de otros en búsqueda de lo suyo trataremos por todos los medios que cada cual descubra lo que le pertenece, en vez de adiestrarlo en adquirir algo que es propio del maestro.

En un lenguaje expresivo creador como éste, debemos obviar la confusión implícita en esta relación de dependencia: "¿Cuánto de lo mío pertenece a usted, y cuánto es auténticamente mío?".

En otras palabras, cada uno de nuestros alumnos debe sentir, en primer lugar, que se encamina al encuentro de sí mismo, y sólo entonces estará en óptimas condiciones para reconocer y respetar lo que es propio de cada uno de los otros, incluyendo a su maestro.

Educador y educando, juntos, se ubican en un proceso lúdico y creativo en búsqueda de la creatividad. Se alimentan y se retroalimentan contínuamente, ambos preocupados por encontrar la manera más eficaz de eliminar aquellos obstáculos que bloquean e inhiben la creación.

Partimos aquí de la base de que todos somos potencialmente creativos y de que ejercitamos esta creatividad cuando nos vemos obligados a responder a una situación desconocida o cuando buscamos lo desconocido en lo conocido de cada situación.

No nos preocupamos tanto por preguntarnos si estamos produciendo al individuo creador, pues sabemos que esa esencia la aporta él y no nosotros. Nuestro interés y esfuerzo recaen más bien en adecuar las experiencias de tal manera que cada persona tenga la oportunidad de encontrar, gozar y desarrollar su capacidad creativa, sin preocuparnos por el grado de creatividad alcanzada. Es decir, no valorizamos tanto el nivel de creatividad en sí como para decir: "Queremos que nuestros alumnos sean los genios de la creatividad", sino: "Queremos que nuestros alumnos, si son creativos, tengan amplia oportunidad de gozar y desarrollar su capacidad en las clases".

Creemos que el cómo de las experiencias de aprendizaje de la Expresión Corporal debe cumplir este fin juntamente, por supuesto, con el qué: la integración de la amplia gratificación de lo que a cada cual le agrada hacer, equilibrado con el desarrollo de aquellas habilidades que posibilitarán la continuidad de esa gratificación. Estas serán las condiciones óptimas que se pueden ofrecer para estimular la plena realización creativa de cada individuo en la Expresión Corporal. Dentro de este marco referencial, el maestro sabrá cómo enseñar y los alumnos cómo aprender, y en ese proceso ambas partes participarán en una interacción constantemente creativa.

BIBLIOGRAFIA

Anatomía y psicomotricidad

Alexander, G.: *La Eutonía, un camino hacia la experiencia total del cuerpo.* Ed. Paidós. Bs. As. 1979.

Azcoaga, J. E.: *Pedagogía y fisiología,* Cuadernillos pedagógicos de Educación Popular, Bs. As.

Blankenstein, M. Van Welbergen, U.R.: *Le developpement du nourrisson,* Sa première année en 130 photographies. Presses Universitaires de France, Paris, 1962.

Casiraghi, J.C. y colaboradores: *Anatomía del cuerpo humano,* Tomo 1, Ed. El Ateneo, Bs. As., 1970.

Digelman, D.: *La Eutonía de Gerda Alexander,* Ed. Paidós, Bs. As., 1976.

Pauchet, V., Dupret, S.: *Atlas manual de anatomía,* Ed. Gustavo Gili S.A., Barcelona.

Piret, S., Bezeira, M.: *La coordination motrice,* Ed. Masson, Paris.

Schilder, P.: *Imagen y apariencia del cuerpo,* Ed. Paidós, Bs. As., 1961.

Stambak, M.: *Tono y psicomotricidad,* Presses Universitaires de France, Paris, 1962.

Vayer, P.: *El diálogo corporal,* Ed. Científico médica, Barcelona, 1972.

Wapner, S. y otros: *El precepto del cuerpo,* Ed. Paidós, Bs. As., 1969.

Danza

Arbeau, T.: *Orquesografía, tratado sobre danzas en forma de diálogo,* Ed. Centurión, Bs. As., 1946.

Beaumont, C.W.: *Breve historia del ballet,* Ed. Ricordi Americana, Bs. As., 1957.

Besveconny, V. de: *Guía del ballet.* Ed. Emecé, Bs. As., Argentina, 1946.

Bourgat, M.: *Técnica de la danza,* Ed. Eudeba, Bs. As., 1966.

Duncan, I: *Mi vida,* Ed. Lozada, Bs. As., 1976.

Fux, M.: *Danza, experiencia de vida y educación,* Ed. Paidós, Bs. As., 1976.

H'Doubler, M.N.: *Dance. A creative art experience,* Ed. The University of Wisconsin Press, Wisconsin, U.S.A. and London, 1968.

Horst, L.: *Formas preclásicas de la danza,* Ed. Eudeba, Bs. As., 1966.

Humphrey, D.: *El arte de crear danzas,* Ed. Eudeba, Bs. As., 1965.

Kriner, D.: *Estudios sobre danzas.* Ed. Centurión, Bs. As., 1948.

Laban, R.: *Danza educativa moderna,* Ed. Paidós. Bs. As. 1979.

Love, P.: *Terminología de la danza moderna,* Ed. Eudeba, Bs. As., 1964.

Ossona, Paulina: *La educación por la danza,* Ed. Paidós, Bs. As., 1976.

Regner, C. F.: *El nuevo libro del ballet,* Ed. Eudeba, Bs. As., 1965.

Sachs, C.: *World history of the dance.* W. W. Norton and Co. Inc., New York, 1963.

Walker, K. S.: *La danza y sus creadores,* Ed. Victor Lerú, Bs. As., 1973.

Winearls, J.: *La danza moderna,* Ed. Victor Lerú, Bs. As., 1975.

Educación física

Carlquist, M., Amylong, T.: *Gimnasia infantil,* Ed. Paidós, Bs. As., 1954.

Diem, L.: *Gimnasia y juego de movimientos rítmicos para niñas,* Ed. Paidós, Bs. As., 1970.

Diem, L.: *¿Quién es capaz de?,* Ed. Paidós, Bs. As., 1964.

Langlade, A., Langlade, N. R. de: *Teoría general de la gimnasia, período 1900-1939,* Univ. Nac. de Tucumán, Escuela Univ. de Ed. Física, Tucumán, 1965.

Le Boulch, J.: *Hacia una ciencia del movimiento humano, Introducción a la psicokinética.* Ed. Paidós. Bs. As. 1979.

Schulz, H.: *Gimnasia para varones y mujeres de 8 a 17 años,* Ed. Kapelusz, Bs. As., 1975.

Expresión corporal

Autores Varios: *Cuerpo, espacio, movimiento,* Año V, Nº 17-18 (1975), Publicación de la Asociación de Psicólogos de Buenos Aires.

Bara, A.: *La expresión por el cuerpo,* Ed. Búsqueda, Bs. As., 1975.

Bartal, L., Ne'eman: *Movement, awareness and creativity,* Souvenir Press Ltd., London, 1975.

Bovone, G. de, Arzano, R. de: *El niño y los medios de expresión,* en: Enciclopedia Práctica preescolar, Ed. Latina, Bs. As., 1971.

Brikman, L.: *El lenguaje del movimiento corporal,* Ed. Paidós, Bs. As., 1976.

Davis, F.: *El lenguaje de los gestos,* Ed. Emecé, Bs. As., 1974.

Demarchi, E. M., Fiore de Cedro, I, M.: *Expresión corporal , Primer nivel,* Ed. Kapelusz, Bs. As., 1973.

Doat, J.: *La expresión corporal del comediante,* Ed. Eudeba, Bs. As., 1960.

Jaritonsky, P., Gianni, C.: *El lenguaje corporal del niño,* Ed. Ricordi, Bs. As., 1978.

Stokoe, P.: *La Expresión corporal y el niño,* Ed. Ricordi, Bs. As., 1974.

Stokoe, P.: *La Expresión corporal y el adolescente,* Ed. Barry, Bs. As., 1974.

Stokoe, P., Schächter, A.: *Expresión corporal ,* Ed. Paidós, Bs. As., "2º edición" 1979.

Stokoe, P. y Hart, R.: *"La expresión corporal en el jardín de infantes" Como soy — Como era.* Ed. Paidós. Bs. As. 1980.

Filosofía y juego

Aberastury, A.: *El niño y sus juegos,* Ed. Paidós, Bs. As., 1968.

Berne, E.: *Juegos en que participamos,* Ed. Diana, México, 1974.

Cosettini, L.: *Del juego al arte infantil,* Ed. Eudeba, Bs. As., 1962.

Erikson, E.: *Infancia y sociedad,* Ed. Horne, Bs. As., 1966.

Huizinga, J.: *Homo ludens,,* Ed. Emecé, Bs. As., 1956.

Lebovici, S., Diatkine, R.: *Significado y función del juego en el niño,* Ed. Proteo, Bs. As., 1969.

Marcuse, M.: *Eros y civilización,* Ed. Seix Barral, Barcelona, 1968.

Moles, A. A., y otros.: *Los objetos:,* Ed. Tiempo Contemporáneo, Bs. As., 1971.

Neri, R.: *Juego y juguetes,* Ed. Eudeba, Bs. As., 1963.

Read, H.: *La educación por el arte,* Ed. Paidós, Bs. As., 1968.

Strauss, C. L.: *Estructuras elementales del parentesco,* Ed. Eudeba, Bs. As., 1975.

Winnicott, D. W.: *Realidad y juego,* Ed. Granica, Bs. As., 1972.

Música

LIBROS

Aronoff, F. W.: *La música y el niño pequeño,* Ed. Ricordi, Bs. As., 1975.

Canuyt, G.: *La voz*, Ed. Hachette, Bs. As., 1949.

Gainza, V. H. de: *La iniciación musical del niño,* Ed. Ricordi, Bs. As., 1964.

Gainza, V. H. de: *Fundamentos materiales y técnica de la educación musical,* Ed. Ricordi, Bs. As., 1977.

Garde, E.: *La Voz,* Ed. Central, Bs. As., 1973.

Graetzer, G.: *Danzas de siete siglos,* Ed. Ricordi, Bs. As., 1963.

Howard, W.: *La música y el niño,* Ed. Eudeba, Bs. As., 1961.

Willems, E.: *La preparación musical de los más pequeños,* Ed. Eudeba, Bs. As., 1962.

Willems, E.: *Las bases psicológicas de la Educación musical,* Ed. Eudeba, Bs. As., 1961.

Willems, E.: *El ritmo musical*, Ed. Eudeba, Bs. As., 1964.

CANCIONEROS

Fridman, R.: *Canciones para crecer,* Ed. Ricordi, Bs. As.

Gainza, V. H. de: *70 Cánones,* Ed. Ricordi, Bs. As.

Muhr, N.: *15 Juegos musicales para niños.* Cuaderno 1º: Jardín de infantes, Cuaderno 2º: Escuela primaria, Ed. Ricordi, Bs. As.

Gainza-Graetzer: *Canten Señores Cantores,* I y II, Ed. Ricordi, Bs. As.

Gainza-Graetzer: *Canten Señores Cantores de América*, Ed. Ricordi, Bs. As.

Schneider, E.: *Canciones para Renata,* Ed. Ricordi, Bs. As.

DISCOS Y CASSETTES

Gianni, C., Segal, E.: *Movimúsica,* Educar Producciones, Bs. As., 1975.

Gianni, C., Segal, E.: *Música para jugar,* Editado y publicado por Cabal, Bs. As., 1977.

Psicología - pedagogía - dinámica de grupos

Blejer, J.: *Psicología de la conducta*, Ed. Paidós, Bs. As., 1970.

Carpi de Germani, C. y colaboradores: *La Educación Pre-escolar, teoría y práctica,* Ed. Eudeba, Bs. As., 1969.

Erikson, E. M.: *Infancia y sociedad,* Ed. Horme, Bs. As., 1966.

Nutten, J. y otros: *La motivación*, Ed. Proteo, Bs. As., 1965.

Piaget, J.: *Seis estudios de psicología*, Ed. Barral - Corregidor, Bs. As. 1974.

Pichón Riviere, E.: *El proceso grupal,* Ed. Nueva Visión, Bs. As., 1975.

Sánchez Hidalgo, E.: *Psicología educativa,* Ed. Universitaria, Río Piedras, Puerto Rico, 1967.

Wallon, H.: *Los orígenes del carácter en el niño,* Ed. Nueva Visión, Bs. As., 1975.

Winicott, D. W.: *El niño y el mundo externo,* Ed. Horme, Bs. As., 1972.

Teatro

Grotowski, J.: *Teatro Laboratorio*, Ed. Tusquets, Barcelona, 1970.

Grotowski, J.: *Hacia un teatro pobre,* Ed. Siglo XXI, México.

Signorelli, M.: *El niño y el teatro*, Ed. Eudeba, Bs. As., 1963.

Small, M.: *El niño actor y el juego de libre expresión*, Ed. Colección técnica de la Educ. Artística, Bs. As., 1962.

Stanislavsky, C.: *Mi vida en el arte,* Ed. Siglo XXI, Bs. As., 1976.

Stanislavsky, C.: *Método de las acciones físicas,* Ed. La Pléyade, Bs. As., (sin fecha de ed.).

Stanislavsky, C.: *La preparación del actor*, Ed. La Pléyade, Bs. As., 1974.

Stanislavsky, C.: *Creando un rol,* (sin datos editoriales)

www.ingramcontent.com/pod-product-compliance
Lightning Source LLC
Chambersburg PA
CBHW030534220526
45463CB00007B/2825